LIEBESKUMMER BEWÄLTIGEN IN 99 TAGEN

MICHÈLE LOETZNER

LIEBESKUMMER
BEWÄLTIGEN IN 99 TAGEN

DUMONT

INHALT

VORWORT

» I want you to think of me sitting and singing beside you
The chain pulls us up and we know that
we're all gonna dive
The blur and the noise of the screaming can
blind and distract you
But isn't it nice when we all can scream at
the same time

And it's just a ride
It's just a ride
And you've got the choice to get off anytime
that you like
It's just a ride
It's just a ride
The alternative's nothingness
Might as well give it a try «

Amanda Palmer // *The Ride*

Halten wir gleich zu Beginn fest: Liebeskummer ist hart. Und ja, natürlich weiß man, das geht vorbei. Wahrscheinlich ist es nicht das erste Mal, dass dir jemand mit voller Wucht aufs Herz getreten ist. Möglicherweise hat dieser aktuelle Jemand für seinen fantastischen Herztritt aber noch mal richtig Anlauf genommen oder ist gleich vom Zehnmeterbrett draufgesprungen. Liebeskummer ist unabhängig von Alter, Gesellschaftsschicht und Jahreszeit. Liebeskummer schert sich nicht um deinen Kontostand, die Größe deines Freundeskreises oder dein Spiegelbild. Liebeskummer tut weh. Und was ganz bestimmt nicht hilft, sind altkluge Plattitüden wie „Andere Mütter haben auch schöne Söhne" oder „Morgen sieht die Welt schon wieder anders aus". Menschen, die einem so etwas sagen, während das eigene Herz in tausend Splittern auf dem Bordstein (oder unter dem Bartresen) liegt, sind in etwa so brauchbar wie ein Flamingoschwimmreif in der Wüste.

Wer mittendrin steckt in diesem grauenvollen Gefühlstsunami, dem tut einfach alles weh. Körperlich und seelisch. Liebeskummer fällt unter sozialen Schmerz, der wiederum wird im gleichen Teil unseres Hirns verarbeitet wie physischer Schmerz. Und was hilft dagegen? Schmerzmittel. Ja, Ibuprofen hilft gegen Liebeskummer, kein Scheiß. So, und jetzt denkst du wahrscheinlich: wtf? Gut so. Mehr dazu später. Für den Moment ist wichtig, dass du gemerkt hast, es gibt Möglichkeiten, deinen aktuellen Zustand leichter zu machen. Erst mal physisch. Dann mental – da setzt dieses Buch an. Denn:

Nur wer versteht, kann loslassen.

Du bist jemand, der verstehen will – sonst hättest du dir dieses Buch nicht gekauft. Oder es dir von jemandem schenken lassen, der genau weiß, dass du viel zu klug bist, um dich mit Plattitüden abspeisen zu lassen. Dieses Buch geht mit dir Schritt für Schritt durch dieses miese, graue Liebeskummertal – 99 Tage lang. Denn ungefähr so lange dauert klassischer Liebeskummer. Jetzt kriegst du wahrscheinlich kurz Schnappatmung bei dem Gedanken, dass die nächsten drei Monate immer noch alles scheiße sein wird. Dass du weiterhin nonstop in deinem Kopf drehst und wendest, was eigentlich passiert ist, wie es dazu kommen konnte und ob du es nicht irgendwie verdammt noch mal hättest verhindern können. Zweiter Spoiler: hättest du nicht. Dritter Spoiler: Nicht jeder Tag wird scheiße, es wird auch gute geben, aber dazu muss dein Kopf ein bisschen aufgeräumt werden.

Ein Hinweis in eigener Sache: Dieses Buch richtet sich in erster Linie an heterosexuelle Frauen und legt an vielen Stellen die immer noch ungleiche Behandlung von Männern und Frauen offen. Queere Menschen sollen dadurch nicht ausgeschlossen werden, aber manches trifft auf sie vielleicht nicht zu. Liebe ist bunt, Liebeskummer auch. Okay, Liebeskummer ist schwarzbunt in diesem Fall. (Ibuprofen macht übrigens keinen großen Unterschied zwischen Geschlechtern und gar keinen in Sachen sexueller Ausrichtung. Just sayin'.) Teilweise kann Herzschmerz so allumfassend zerfressend sein, dass er von professioneller persönlicher Hilfe begleitet werden sollte. Wenn dem so ist, kannst du dich jederzeit unter der Nummer 0800/111 0 111 kostenfrei an die Telefonseelsorge wenden. Und hey, es ist nicht peinlich und auch kein Zeichen von Schwäche, wenn man sich Hilfe holt – im Gegenteil.

Das Buch ist eingeteilt in drei Blöcke: Zurückerinnern, Kompensieren, Loslassen – die drei Phasen des Liebeskummers. Auf jeder Doppelseite findest du Denkanstöße für den aktuellen Tag und Platz für eigene Überlegungen und Notizen. Denn im Großen und Ganzen fühlt sich jeder Liebeskummer gleich an (ungefähr so, als würde einem jemand heiße Nadeln ins Herz stechen und gleichzeitig kaltes Wasser von innen gegen die Magenwand schütten), im Detail ist er aber individuell. Wenn du mal einen Tag auslässt, auch okay. Dann machst du einfach da weiter, wo du aufgehört hast. Das Buch an einem Wochenende durchackern? Wird leider nicht helfen. Auch wenn das eine sehr unsympathische Feststellung ist: Liebeskummer braucht ein bisschen Zeit. Sieh dieses Buch als Begleiter, Gedankensortierer und Notizbuch. Und als Augenöffner. In regelmäßigen Abständen findest du zwischen den Doppelseiten Essays zu strukturellen Problemen unserer Gesellschaft, die sich leider auch am Thema Liebeskummer deutlich zeigen. Denn auch darüber sollte man sich mal Gedanken machen:

Wieso verhalten sich Männer nach einer Trennung anders als Frauen? Warum ist es der Klassiker, dass sich ein Typ erst mal besäuft, während wir vor lauter Reflektieren zur Diskokugel mutieren? Und was hat das Ganze mit Feminismus zu tun?

Ach ja und ganz wichtig: Dieses Buch nimmt dich ernst. Dich und dieses Gefühl. Das Gefühl, als würde die ganze Welt überhaupt keinen Sinn mehr ergeben. Als würde einem ständig das Frühstück hochkommen. Als müsste man ununterbrochen diesen Drang, einfach loszuheulen, zurückhalten. Als würde ein letztes Gespräch, Telefonat oder eine Nachricht noch etwas ändern, rumreißen, besser machen. Einen zurückbringen zu einem Moment, als noch alles gut war. Als man noch gehalten wurde. Als dieser Typ die Welt war und man zusammen unbesiegbar. Ein Satz und alles ist wieder in Ordnung. Oder wie es die Band FIBEL einmal zusammengefasst hat: „Sag was Schönes mit Substanz, denn dann hab ich nicht mehr so viel Angst."

Dieses Buch ist etwas Schönes mit Substanz. Und dieser Typ ein Idiot.

Ab jetzt wird alles besser.

ZURÜCK ERINNERN

TAG 01–33

01

TAG

Ratgeber fangen meist mit einem achtsamen Gesäusel an. Irgendwas wie: „Schön, dass du da bist!" Oder: „Du bist gut, so wie du bist." So fangen wir hier nicht an, denn eines gibt es ja wohl mal ganz klar festzuhalten: Heute ist ein Scheißtag, und klar ist es schön, dass du da bist. Aber dir wäre es wahrscheinlich lieber, an einem Scheißtag nicht anwesend zu sein, völlig unabhängig davon, ob es okay ist, wie du bist. Denn hier ist gar nichts okay. Du bist nicht okay. Die Welt ist nicht okay. Können bitte mal alle aufhören, ständig davon auszugehen, dass alles okay ist? Jetzt. Ist. Nichts. Okay.

Oder vielleicht doch? Wenn du dich einfach noch ein bisschen mehr anstrengst? Und es war ja auch nicht alles schlecht mit diesem Typ. Eigentlich war der gar nicht das Problem, sondern du …

Stopp.

Es ist völlig normal, dass man eine Trennung erst mal nicht fassen kann und plötzlich alles Schlechte ausblendet. Aber ihr seid getrennt. Und du hast dem Aus wahrscheinlich nicht ganz freiwillig zugestimmt – insofern sich überhaupt jemand für deine Zustimmung interessiert hat. Umso mehr interessierst DU dich wahrscheinlich gerade dafür, was er jetzt macht und wie er mit der Trennung umgeht.

Kurze Frage: Wie oft hast du heute an den Kerl gedacht? So ungefähr 35.385-zillionmal? Ist in Ordnung. Kann man ja erst mal auch wirklich nicht glauben, dass er eine Frau wie dich verlassen hat. Wenn du dich jetzt fragst, was er gerade macht – wahrscheinlich nichts. In jedem Fall nichts Spannendes.

Nein, du musst das jetzt nicht noch mal auf seinem Instagram-Account gegenchecken.

DATUM

Wie oft hast du da heute schon draufgeschaut? Trage die (ungefähre) Zahl hier ein:

An Tagen wie heute ist es hart, überhaupt irgendwas zustande zu bekommen. Kreuze an, was du schon alles geschafft hast:

- ○ Zähne geputzt
- ○ Angezogen
- ○ Kaffee getrunken
- ○ Zweiten Kaffee getrunken
- ○ Dritten Kaffee getrunken
- ○ Etwas anderes getrunken als Kaffee
- ○ Post aus dem Briefkasten geholt
- ○ Post ungeöffnet auf dem Tisch liegen lassen

Das reicht fürs Erste. Wir wollen ja nicht übertreiben.

Nur damit wir's mal schriftlich haben, wann war der Tag eurer Trennung? Halte das Datum fest:

/ /

02

TAG

Der Psychologe Guy Winch hat 2017 einen ziemlich beeindruckenden TED-Talk gehalten. Darin erklärt er, warum Liebeskummer mit Drogenentzug gleichzusetzen ist. Drogen? Hä? Ja, genau.

Wenn ein Junkie seine Sucht bekämpfen will, macht er entweder einen kalten Entzug oder behilft sich mit einem Ersatzstoff. Das, was wir fühlen, wenn wir verlassen werden, knallt biochemisch ähnlich, als müssten wir plötzlich auf Heroin verzichten. Danke auch. Da hat man sich mühevoll das Rauchen abgewöhnt, achtet auf die richtige Balance zwischen Kohlehydraten und Wasweißich – und dann das.

Problematisch an diesem Zustand ist, dass wir uns auch eine Art Methadon suchen. Unsere Ersatzdroge sind die vielen tollen Erinnerungen, die wir mit dem Ex-Freund teilen. Deshalb fangen die meisten auch automatisch an, ihn online zu stalken. Ertappt? You are not alone. Manchmal fragt man sich, ob Social Media einzig und allein dafür erfunden wurde, dass gebrochene Herzen anonym checken können, was der Ex so macht. Unsere Eltern mussten noch mit dem Fahrrad am Haus des anderen vorbeifahren und schauen, ob Licht brennt. Sie riefen auf dem Festnetz an und legten schnell auf, wenn jemand dran ging und ... Na, das war damals. Heute ist heute. Cyberstalking ist dein Ersatzfix, und das ist schlecht. Deshalb rät Winch, eine Liste anzulegen mit all den nervigen und unschönen Eigenschaften des Ex-Partners. Wenn man sich schon so unbedingt erinnern will, dann bitte erst mal an all die schlechten Sachen. Und das eine ganze Weile lang.

So, und jetzt bist du dran. Schreib rechts in die freien Zeilen alles Beschissene an diesem Typ auf. Alles. Von seinen miesen Netflix-Auswahl-Qualitäten bis zur ätzenden Schwiegermutter. Vergiss bitte nicht seine hohlen Freunde, die immer Witze gemacht haben, die schon in der 6. Klasse keiner lustig fand. Es war reine Höflichkeit, dass du darüber

DATUM

gelacht hast, gib's zu. War er eigentlich aufrichtig? Und zuverlässig? Oder eher „jetztseihaltnichtsoschatz"? Zielstrebig? Chaotisch? Ein Blender?

Und dann fotografier die Liste mit deinem Handy ab. Jedes Mal, wenn du dir wieder einen Erinnerungsfix holen willst, schau auf die verdammte Liste. Dafür wurden Smartphones erfunden. Ganz bestimmt.

THE SHITLIST

Trage hier alles ein, was an ihm scheiße war. Alles. Höflichkeit am Arsch!

03

TAG

Als du heute aufgewacht bist, was war dein erster Gedanke? Sag's nicht! Der Weltfrieden? Was du zum Frühstück isst? Wie du einen möglichst tollen Tag haben wirst? Nein? Och, komm … kann ja gar nicht sein.

Nun … du hast an ihn gedacht. Und dass doch gar nicht alles so schlimm war. Und ihr ja auch so schöne und gute Tage hattet. Ja, hattet ihr. Die kann dir auch gar keiner nehmen. Und dass du die schlechten jetzt leugnest: nicht überraschend. Aber es gab sie. Du verhandelst gerade mit dir und deinen Erinnerungen. Das ist normal, aber nicht wirklich hilfreich. Ein guter Kompromiss lässt sich sicher finden, wenn du aufzählst, was du mochtest. Nicht an ihm, sondern daran, wie du mit ihm warst. Wie ihr wart.

Womit hat er dein Herz berührt?

DATUM

Wo habt ihr euch zum ersten Mal geküsst?

Wo habt ihr euch zum ersten Mal gestritten?

Wo hat er dir zum ersten Mal gesagt, dass er dich mag?

Wo hat er dich zum ersten Mal warten lassen?

04

TAG

Wie viel angenehmer das Leben wäre, wenn man den ganzen Tag einfach nur rumliegen könnte. Im Bett. Auf der Couch. Oder im Bus sitzen bleiben. Und endlos durch die Stadt gurken. Ganz ohne Ziel. Das Leben hat ja jetzt auch kein Ziel mehr ... Zumindest fühlt sich das gerade alles so wahnsinnig absolut an.

Dunkle Tage sind normal. Sie werden gehen. Diese bahnbrechende Information hilft einem aber im akuten Moment recht wenig. Damit dunkle Tage nicht zur depressiven Verstimmung werden, muss man gegensteuern. Allein ist das gar nicht so leicht. Schreib rechts auf, wen du WIRKLICH anrufen kannst, wenn dir seelisch grau wird. Das heißt nicht, dass du anrufen musst. Aber allein die Tatsache, zu wissen, dass diese Liste existiert und solche Lieblingsmenschen ohne blöde Nachfragen helfen würden, beruhigt. Dafür hat man die. Dreh die Sache mal um: Du würdest deiner besten Freundin in dieser Situation auch beistehen wollen. Also gib anderen die Möglichkeit, dir helfen zu können.

Die Musikerin Amanda Palmer schreibt in ihrem Bestseller *The Art of Asking*: „Das Bitten an sich IST der fundamentale Baustein jeder Beziehung. Fortwährend und meist indirekt, oftmals ohne Worte, BITTEN wir uns gegenseitig um etwas [...], damit wir die jeweilige Beziehung aufbauen und aufrechterhalten können. *Wirst du mir helfen? Kann ich dir vertrauen? Wirst du mich verarschen? Siiiiicher, dass ich dir vertrauen kann?* Und wenn man den Dingen auf den Grund geht, haben diese Fragen ihren Ursprung oftmals in der elementaren menschlichen Frage: LIEBST DU MICH?"

Die Person, die du gerade am allermeisten fragen möchtest, ob sie dich liebt, kann und darf dir im Moment keine Antwort geben. Aber andere können das. Und auch wenn das in dieser Sekunde nicht gleichwertig scheint, ist es ein Anfang.

DATUM

TELEFONLISTE

....

....

....

....

....

Wenn du traurig warst, wie hat er dich getröstet?

- ○ Er hat dich in den Arm genommen.
- ○ Er hat geschrieben, dass er dich später anruft, wenn er mit was auch immer fertig ist.
- ○ Er hat gesagt, dass alles wieder gut wird.
- ○ Er hat das nicht nur gesagt, sondern auch proaktiv etwas dafür getan.
- ○ Er hat gesagt, dass du dich nicht so anstellen sollst.
- ○ Du hast ihn weder persönlich noch telefonisch erreicht.

Eine Sache, die in besonders grauenvollen Situationen immer hilft:

....

05

TAG

Was hast du heute Morgen als Erstes gemacht? Rateversuch Nr. 1: Augen auf, Handy raus, Social Media an – nachsehen, was er heute Nacht getrieben hat. Nehmen wir Instagram als Beispiel: Da hast du so ungefähr achtmal hintereinander seine Stories angeschaut. Natürlich mit deinem Zweit-Account, den du dir genau für solche Stalking-Momente angelegt hast. Sherlock fucking Holmes.

Keine Angst, hier schmeißt keiner mit Steinen. Dein Interesse ist nachvollziehbar, deine Neugier auch. Aber sie ist ungesund. Warum, das weißt du von Tag 2: Cyberstalking = Ersatzfix. Das reißt die Wunde immer wieder auf, und du kippst zusätzlich noch eine ganze LKW-Ladung Salz rein. Du bist nicht beim Zirkus. Lass das.

Kleb ein Pflaster drauf. Und schau bitte nicht andauernd nach, ob die Wunde darunter zugeheilt ist, indem du es abziehst – also auf Instagram, Facebook und Co. rumklickst. Genauso wenig ergibt es Sinn, zehnminütlich auf WhatsApp zu schauen, wann er zuletzt online war. Was denkst du dir denn, wenn er offline ist? Dass er mit irgendwem so viel Spaß hat, dass er nicht mal aufs Handy schaut, während du in deiner Agonie schwimmst wie in zäher Melasse?

Wahrscheinlich hat er gar keinen Spaß, aber dein Kopfkino wird sich die wildesten Dinge ausmalen: nackte Frauen, Alkohol, Partys – alles, was du nicht hast. That sucks.

Übrigens: Warum du davon ausgehst, dass es ihm supergut geht, während du leidest, liest du auf der nächsten Doppelseite in einem kurzen Essay.

Blockier ihn!

Auf allen Kanälen!

Jetzt!

DATUM

Wenn er dir etwas zu sagen hat, wird er dich schon erreichen. Zur Not per Brieftraube oder Dosentelefon. Aber mach dich und ihn verdammt noch mal unsichtbar.

Du kannst dir ja ein Zeitlimit setzen. Zum Beispiel ab heute für sieben Tage. In vier reden wir noch mal darüber. Versprochen.

Aber jetzt: Blockier ihn! Kleb ein Pflaster drauf.

Welche 5 Gegenstände in deiner Wohnung sind von ihm?

...

...

...

...

...

Räum sie weg. Sofort.

Warum Frauen anders leiden als Männer

Auf den ersten Blick scheint Liebeskummer nichts mit Gleichberechtigung zu tun zu haben. Schließlich ist das eine ein Gefühl, das andere eine gesellschaftliche Forderung. Weshalb diese Forderung allerdings so wichtig ist, sieht man auch sehr gut daran, wie unterschiedlich Männer und Frauen mit Liebeskummer umgehen. Bemühen wir dafür ein Klischee: Frauen reflektieren nach einer Trennung, analysieren die eigenen Fehler, die sie in der Beziehung gemacht haben, suchen den Grund für das Scheitern bei sich. Frauen werden leise. Männer werden laut. Sie betrinken sich mit ihren Kumpels, ziehen um die Häuser und reißen unter großem Tamtam und Zeugen die Nächste auf. Männer wirken nach einer Trennung so, als würde ihnen das Ganze nichts ausmachen. Soweit das Klischee. Die Wissenschaft bestätigt das: Eine Studie der Binghamton University, New York, hat die Reaktion von Männern und Frauen auf eine Trennung untersucht. Die Forscher befragten 5.705 Teilnehmer aus 96 Ländern. Das Ergebnis: Frauen leiden kürzer, dafür aber intensiver. Männer leiden länger, weil sie anfangs hauptsächlich verdrängen und kompensieren. Sie lassen den Schmerz nicht zu, wodurch sich langfristig viel schlimmere Probleme wie Depressionen und Beziehungsunfähigkeit ergeben. Und das ist sicherlich auch ein strukturelles Problem. Womit wir bei der Gleichberechtigung angelangt wären.

Es ist noch gar nicht so lange her, da war es völlig selbstverständlich, dass Jungs, die weinen, Heulsusen sind. Und auch heute hört man auf so manchem Spielplatz noch von Müttern wie Vätern: „Jetzt hör doch auf zu heulen, du bist doch kein Mädchen." Weinen scheint also mitunter noch immer etwas zu sein, was Frauen erlaubt ist, von ihnen offenbar sogar erwartet wird, und Männern teilweise noch immer verboten. Dass Kinder sich alles abschauen, was ihnen vorgelebt wird, ist keine bahnbrechende wissenschaftliche Erkenntnis mehr. Wenn also Vätern nicht beigebracht wurde, dass sie weinen dürfen. Wenn Väter ihren Söhnen nicht vormachen, dass es okay ist zu heulen, zu leiden und verzweifelt zu sein. Und selbst Mütter mit solchen beknackten Aussagen Jungen von ihren Emotionen distanzieren wollen. Wie zur Hölle soll dann ein Mann unseres Jahrzehnts nach einer Trennung anders mit diesem Zustand umgehen, als den starken Typ zu markieren und traditionell typisch männliches Verhalten (auf dem Niveau eines Golf-GTI-Treffens am Wörthersee) an den Tag zu legen? Der Anthropologe Craig Eric Morris, einer der drei Forscher der genannten Studie, nennt dieses Verhalten in einem Interview mit dem Online-Magazin *Splinter News* ganz wunderschön „the excessive Tinder stage". Das ist so treffend formuliert, darunter kann sich jeder etwas vorstellen.

Zurück zu Männern und ihrem toxischen Verhalten bei Liebeskummer. Es kann natürlich sein, dass ihm eure Trennung nichts ausmacht. Aber das ist eher unwahrscheinlich. Er ist ja kein Stück Holz. Selbst, wenn er nicht mehr in dich verliebt ist, wird es ihm etwas ausmachen, dich verletzt zu haben. Wahrscheinlicher ist, dass er nicht weiß, wohin mit seinem Schmerz außer an den nächsten Tresen. Das soll keine Entschuldigung für sein Verhalten sein, nur eine Erklärung. Und vor allem ein Hinweis darauf, dass Feminismus nichts mit Türen aufhalten oder in den Mantel geholfen werden zu tun hat, sondern damit. Türen aufhalten hat etwas mit Freundlichkeit zu tun, wie die Autorin Margarete Stokowski ganz richtig sagt. Und mit nichts anderem. Wenn nur weibliche Vorbilder Trauer, Zorn und Leid zulassen dürfen, weil Gefühle immer noch als rein weibliche Eigenschaft gezählt werden, dann ist das bescheuert. Und bitter. Für Frauen genauso wie für Männer. Und es hilft sicher nur sehr kurzfristig, wenn wir uns verhalten wie solche Typen. Klar, kannst du jetzt in die nächste Bar gehen und irgendeinen Mann aufreißen. Aber bitte erwarte nicht, dass es dir damit langfristig besser geht. Für eine kurze Ablenkung ist das okay, wenn du aber morgen früh mit dickem Kopf aufwachst, wird der Liebeskummer sicher noch da sein. Plus: Du gehst das Risiko ein, dass durch den katerbedingten Serotoninabfall alles noch radikal beschissener aussieht, als es eh schon ist.

06

TAG

Euer erstes Date. Also ein richtiges Date, nicht der Tag, an dem ihr euch kennengelernt habt. Der war auch gut, sicher. Aber das erste Date, der Moment, an dem klar war, dass da mehr ist als nur peripheres Interesse, wie war das? Was habt ihr gemacht?

Sorry, dass hier gleich so ohne Vorwarnung in der Gefühlskiste gegraben wird, aber wahrscheinlich liegt diese Erinnerung eh oben auf. Sie deckt vieles zu. Das ist nachvollziehbar. Sie deckt bestimmt sogar penibel alles das zu, was ätzend war, sodass du dich gar nicht mehr so recht daran erinnerst. Das ist ein Schutzmechanismus, um die größten Schmerzspitzen wegzunehmen, aber die Wahrheit sieht eben anders aus. Es gab nämlich auch ätzende Tage. Aus denen kannst du dich jetzt mit folgendem Ratgebergeschwätz rauswinden:

„Niemand ist perfekt."

„Er hat es doch nicht so gemeint."

„In der jeder Beziehung gibt es schwierige Phasen."

„Davonlaufen ist auch keine Lösung."

„Man kann halt nicht alles haben."

Aber langfristig wird dir das nicht weiterhelfen.

Der Schriftsteller Thomas Meyer hat das in seinem Buch *Trennt euch!* sehr schön zusammengefasst: „Das ist wohl alles wahr. Aber es sind auch beliebte Ausreden für das Nichtpassen. Und auf dieses gibt es nur zwei sinnvolle Erwiderungen: erstens *Lernen* und zweitens *Weitergehen*. Das *Bleiben* indes ist kein Beleg für besonders ausgeprägte Liebesfähigkeit. Bloß für besonders ausgeprägte Leidensfähigkeit."

Das muss erst mal sacken. Und ja: Aua.

DATUM

Nenne 5 Situationen, in denen du gerne einfach aufgestanden und gegangen wärst:

....

....

....

....

....

Nenne 3 Gründe, warum du dennoch geblieben bist:

....

....

....

BUCHTIPP

Der links zitierte Autor Thomas Meyer hat noch viel mehr Schlaues zum Thema Trennung gesagt. Sein Buch *Trennt euch!* hilft dir vielleicht zu verstehen, warum ausharren keine erfolgsversprechende Strategie ist.

07

TAG

Was ist das Schlimmste, das jetzt passieren könnte?

Das ist eine harte Frage, aber eine berechtigte. Wenn man sich nämlich ein paar Gedanken über den größtmöglichen anzunehmenden Abfuck macht, dann nimmt einem das oft die Angst. Und Angst ist bekanntlich bei Entscheidungen ein schlechter Ratgeber. Da schließt sich die Frage an: Wovor hat man eigentlich Angst? Wovor hast du gerade Angst?

Die Feministin Laurie Penny wurde in einem Interview mit dem politischen Magazin *Cicero* auf folgende Zeile ihres Buchs *Unsagbare Dinge* angesprochen: „Frauen haben Angst davor, Liebe zu verlieren. Männer haben Angst davor, Macht zu verlieren." Sie führte den Gedanken daraufhin noch mal näher aus: „Mädchen wird beigebracht, nach der romantischen Liebe zu streben. Karriere machen ist in Ordnung, solange die Liebe und die Familie weiter im Zentrum stehen. Setzt man seine Prioritäten anders, oder findet man die große Liebe einfach nicht, wird einem suggeriert, man habe versagt. Deshalb fürchtet sich jedes Mädchen von Kindesbeinen an davor, allein zu sein. Frauen werden nicht dazu erzogen, nach Macht zu streben. Tun sie es, müssen sie meistens etwas dafür opfern, wie Liebe, Freundschaft oder Geborgenheit. Bei Männern ist es andersherum: Ihnen wird beigebracht, dass wenn sie Erfolg haben, der Rest von ganz alleine kommt. Diese Doppelmoral ist totaler Beschiss."

Macht dich das wütend? Hoffentlich.

DATUM

Wovor hast du gerade Angst?

Hat er sein Privatleben seinem Job untergeordnet? JA NEIN

War ihm seine Karriere wichtiger als deine? JA NEIN

Habt ihr euch oft über deinen Job unterhalten? JA NEIN

Habt ihr euch oft über seinen unterhalten? JA NEIN

Habt ihr gemeinsame Zukunftspläne geschmiedet? JA NEIN

Hat er dich in berufliche Entscheidungen, die euch beide betrafen, involviert? JA NEIN

Wie wütend bist du gerade auf ihn?

08

TAG

Eines der wichtigsten Schlagworte unseres Jahrzehnts ist „Selbstoptimierung". Wir stehen in einem ständigen Wettbewerb mit uns selbst und anderen. Das Fernsehprogramm setzt sich gefühlt seit Jahren nur noch aus Formaten zusammen, in denen irgendwer gegen irgendwen antritt. Und sei es auch nur ein junges Mädchen gegen eine „lebendige" Handtasche, um von Heidi Klum ein Foto zu bekommen. Unsere Smartphones und Wearables messen, wie gut wir geschlafen haben, wie viele Schritte wir gelaufen sind und wie viele Treppenstufen wir artig erklommen haben, statt den Aufzug zu nehmen. Da stellt sich natürlich auch zwangsläufig nach einer Trennung die Frage: „Was hätte ich besser machen können in dieser Beziehung?" Und eine fiese Stimme flüstert von irgendwo ganz weit hinten im Kopf: „Hättest du das alles nicht verhindern können, wenn du dich ein bisschen mehr angestrengt hättest?"

Nein, hättest du nicht. Du hättest diesen Leidensprozess einfach nur verlängert. Denn wie wir von Tag 6 wissen, passt es manchmal halt einfach nicht. Dass du dich aber jetzt mit diesen Selbstoptimierungsvorwürfen folterst, ist leider ein typisch weibliches Verhalten. Klassisch in der Chronologie ist auch, dass du dich irgendwann fragst, ob es an deinem Aussehen lag. Ob du zu dick, zu dünn, zu klein, zu groß, zu blond oder braunhaarig bist und eine Änderung deiner Optik den Typen zurückholen könnte.

Natürlich weißt du, dass das Bullshit ist, aber du fragst es dich trotzdem. Warum eigentlich? Die Soziologin Greta Wagner erforscht das Thema schon sehr lange und sagt: „Auch Männer empfinden inzwischen einen starken Optimierungsdruck bei ihrem Aussehen. Aber für Frauen ist er größer, weil sie stärker nach ihrem Aussehen beurteilt werden. Und weil das Schönheitsideal für den weiblichen Körper weiter vom Durchschnitt aller weiblichen Körper entfernt ist als bei Männern."

DATUM

Machen wir es kurz: Dieses Verhalten ist gesellschaftlich erlernt. Du bist nicht das Problem. Aber die Gesellschaft hat dir lange genug eingeredet, du wärst es.

Please, stop it.

Was magst du an dir?

- ○ Haare
- ○ Beine
- ○ Gesicht
- ○ Hintern
- ○ ....
- ○ ....
- ○ ....

HINWEIS

Wenn du mit deinem Körper haderst, denk dran: Du bist nicht auf diesem Planeten gelandet, um auch nur auf eine einzige Pommes zu verzichten oder dir ernsthaft Gedanken über „Bad Hair Days" zu machen. Was soll das überhaupt sein – außer einer marketingstrategischen Erfindung der Haarsprayindustrie?

09

TAG

Es gibt Lifehacks, da fragt man sich, warum einem die eigentlich keiner früher erklärt oder gezeigt hat. Dazu gehören zum Beispiel Deckel von Coffee-to-go-Bechern. Die kann man nämlich gleichzeitig auch als Untersetzer benutzen, um den Becher zu stabilisieren. Echt jetzt? Ja. Und dazu gehört auch die Tatsache, dass Schmerzmittel wie Paracetamol und Ibuprofen gegen Liebeskummer helfen. Wie bitte? Ja, genau. Aber auf Anfang.

Wissenschaftlich gesehen gehört Liebeskummer zu den „sozialen Schmerzen". Die werden in unserem Hirn an der gleichen Stelle verarbeitet wie physischer Schmerz. Trivial formuliert macht unser Kopf also keinen Unterschied zwischen einem gebrochenen Bein und einem gebrochenen Herzen. Das *Deutsche Ärzteblatt* formuliert das so: „Schmerz bewirkt als Emotion eine Stresssituation in uns, der Blutdruck und der Puls steigen, Adrenalin wird ausgeschüttet und wir bereiten uns auf *flight or fight* vor. Ähnlich verhält es sich bei sozialem Schmerz. Hier befinden wir uns in einer ähnlichen ‚Kampfsituation', in der es zu reagieren gilt." Der Autor Sebastian Gillmeister bezieht sich dabei auf eine amerikanische Studie, die sich explizit mit den neurologischen Folgen von Zurückweisung beschäftigte.

In einer Studie der University of Kentucky behandelte man Menschen mit sozialen Schmerzen mit Paracetamol – mit einem überraschenden Ergebnis: Die schmerzverantwortlichen Hirnareale der Patienten waren danach inaktiver als die der unbehandelten Patienten. Übersetzt heißt das natürlich nicht: Schluckst du eine Tablette, ist der Liebeskummer weg. Doch gerade in dieser katastrophalen ersten Zeit der inneren Unruhe, in der du dich momentan befindest, kann ein leichtes Schmerzmittel helfen. Wer nicht essen, nicht schlafen und nur weinen kann, kann auch nicht denken. Ist das Hirnareal zur Ruhe gebracht, wird das wieder möglich.

DATUM

Beachte aber: Die Dosis muss zu deinem Körpergewicht passen und darf die vorgeschriebene Maximalmenge auf keinen Fall überschreiten. Sonst ist zum Beispiel deine Leber im Eimer – und die brauchst du sicher noch für das ein oder andere alkoholische Kaltgetränk an der Bar.

Nenne deine 3 liebsten alkoholischen Kaltgetränke:

....

....

....

An Tag 5 hast du dir möglicherweise ganz eventuell vielleicht vorgenommen, ihn zu blockieren. Hast du durchgehalten?

JA NEIN

Egal, was du ankreuzt: Du bist ein Mensch mit Gefühlen, kein Stück Beton. Sei nicht so hart zu dir.

10

TAG

Liebeskummer ist ein so starkes, alles überschattendes Gefühl, das einen paralysiert wie ein Reh im Scheinwerferlicht. Du kannst nicht weglaufen – und dann überrollt dich der Betonmischer. Danke auch. Was hat sich die Natur nur dabei gedacht, dass wir so schlimm leiden?

Ziemlich viel. Liebe ist ein primitiver Ur-Trieb, sagt die Anthropologin und Psychologin Helen Fisher. Dass wir uns so herumquälen, wenn uns unser Partner verlässt, liegt vor allem daran, dass die Natur auf gar keinen Fall zulassen will, dass wir einen potenziellen Samenspender verlieren. Das würde ja das Fortbestehen unserer ganzen Art zum Wanken bringen, wenn sich hier jeder so mir nichts dir nichts ohne Fortpflanzung vergnügen und verpissen könnte. Wo kämen wir denn da hin?

Wahrscheinlich zu einem geruhsameren Leben, aber so ist es halt nicht. Dein ganzes biochemisches System knallt deshalb so durch, weil es möchte, dass du Kinder in die Welt setzt. Dein Dopaminspiegel fällt in schwindelerregende Tiefen, wir entwickeln laut Fisher sogar eine *Frustration Attraction*, die dafür sorgt, dass wir noch heftiger verliebt sind als vor der Trennung.

Was also gerade in dir passiert, ist ein biochemischer Vorgang. Aus dir spricht die Evolution.

Liebe Evolution, hier eine Botschaft nur für dich ganz allein: Schnauze!

Wenigstens für heute.

DATUM

Konntest du dir vorstellen, mit ihm Kinder zu haben?

JA NEIN

Welche Charaktereigenschaften hätten ihn als Vater qualifiziert?

Welche Charaktereigenschaften haben ihn definitiv disqualifiziert?

11

TAG

„Ich wollte nur fragen, wie´s dir geht."

„Was machst du?"

„Ich denk an dich."

Gab es schon eine Textnachricht dieser Art? Und wie lange hast du danach aufs Display gestarrt? Oder hast du dem Impuls nachgegeben und sofort geantwortet? Und wenn du geantwortet hast: Was hast du geschrieben? Ist ein Gespräch daraus entstanden?

So viele Fragen. Und wahrscheinlich recht wenig zufriedenstellende Antworten. Am besten reagierst du auf so etwas gar nicht, aber natürlich ist das innere Verlangen nahezu unbezwingbar. Er fehlt dir ja schließlich. Und du ihm offenbar auch. So sieht es zumindest aus. Und mit etwas Abstand hat er vielleicht nachgedacht und festgestellt, dass du die einzige Frau bist, mit der er überhaupt jemals zusammen sein möchte. So zumindest die kleine Hollywood-Stimme in deinem Kopf.

Sie säuselt: „Vielleicht wird doch wieder alles gut?"

Nope. Viel wahrscheinlicher ist, dass auch er mit der neuen Situation nicht zurechtkommt und bei dir kurz Halt sucht in Form von Resonanz. Was sich vielleicht temporär gut anfühlt, wird dich aber bald noch tiefer runterziehen. Nämlich genau dann, wenn das Gespräch plötzlich abbricht und du obsessiv auf allen Kanälen versuchst herauszufinden: warumweshalbwieso.

Es ist wirklich schwer, aber: Versuche nicht zu antworten. Denk an die Biochemie! Falls die Konversation schon läuft, beende sie und behalte so die Gesprächskontrolle. Du musst ja nicht fies werden. Ein „Ich brauche gerade Ruhe im Kopf. Ich melde mich, wenn ich wieder sprechen kann" tut's sicher auch.

DATUM

Womit kannst du dich von dem Impuls ablenken, ihm zu antworten?

- ◯ Schwimmen gehen
- ◯ Das Handy auf Flugmodus stellen und *Eat, Pray, Love* ansehen (ja, Klischee, na und?)
- ◯ Deine beste Freundin anrufen
- ◯ Spontan zum Friseur gehen
- ◯ Ein Motiv für ein neues Tattoo aussuchen
- ◯ Der Seenotrettung Geld spenden
- ◯ In den Baumarkt fahren und Tomatensetzlinge kaufen (wenigstens etwas, das lebt …)
- ◯ Eine Reise planen (an einen möglichst beknackten Ort)
- ◯ ……………………………………

Welche Eigenschaft wünschst du dir jetzt gerade für dich selbst?

……………………………………………………………………………………

12

TAG

Manchmal helfen alle guten Worte und Ratschläge nicht. Manchmal ist man einfach nur wütend. Wut ist gut. Denn Wut bedeutet, dass du dir ein Ventil für deine Gefühle suchst.

Die Schriftstellerin, Therapeutin und Pädagogin Almut Schmale-Riedel hat sich speziell mit weiblicher Wut beschäftigt. Sie sagt: „Grundsätzlich ist Wut bei Männern und Frauen gleich. Frauen haben aber gelernt, auf eine besondere Weise mit Wut umzugehen. In unserer Gesellschaft werden Frauen eher akzeptiert, wenn sie etwas ängstlich, schüchtern, traurig oder zurückhaltend sind. Wenn Männer dagegen ärgerlich sind und anfangen, sich zu raufen, sind sie richtige Kerle. Bei ihnen wird die Wut stärker geduldet. Frauen erfahren schon als Kind, dass die Eltern sie nicht mögen, sobald sie wütend sind. Wenn wir durch unsere Erziehung und unser Umfeld aber nicht ermutigt werden, unsere Gefühle zu zeigen, sie wahrzunehmen und über sie zu sprechen, laufen wir Gefahr, sie zu verbergen. Und das tun Frauen zwangsläufig mit ihrer Wut."

Der Hirnforscher Hans J. Markowitsch erklärte dem *SPIEGEL* die traurigen Konsequenzen von unterdrückter Wut: chronische Veränderungen auf Hirn- und Verhaltensebenen, die zu Depressionen und anderen psychischen Erkrankungen führen können. Unterdrückte Wut kann übrigens auch ganz klar physische Beschwerden hervorrufen: Zahnärzte klagen, dass immer mehr Frauen mit den Zähnen knirschen. Beim *Deutschlandfunk* kannst du dir dazu einen ganzen Podcast anhören.

Also, lass es raus!

Wenn nicht für dich, dann wenigstens deinen Zähnen zuliebe.

DATUM

DAS BEST-OF SEINER BESCHISSENSTEN MOMENTE

In welcher Situation hast du dich richtig für ihn geschämt?

Wann hat er dich wirklich hängen lassen?

Was hat er an deiner besten Freundin kritisiert?

Welches seiner Geschenke war einfach nur scheiße?

Wann warst du so wütend auf ihn, dass du am liebsten etwas nach ihm geworfen hättest? (Oder sogar tatsächlich hast?)

13

TAG

Bist du oft müde? So müde von all dem Scheiß? Von dem Vorundzurück, Hinundher, dem ganzen Abwägen und Analysieren, bei dem ja doch nichts Neues herauskommt. Wahrscheinlich gab es mittlerweile auch schon ein paar Gelegenheiten, bei denen du seine oder gemeinsame Freunde getroffen hast. Wenn Alkohol im Spiel ist, kann man sich schön selbst dabei zusehen, wie man parallel zum Promillegrad mit sich ringt, ob man sich jetzt die Blöße gibt, Informationen einzuholen. Anfänglich hat man das noch gut im Griff, zügelt sich, würde auf keinen Fall fragen, wie es dem Ex-Freund geht und was er so macht. Mit jedem weiteren Getränk bröckelt der Panzer ein bisschen mehr. Und am Ende quetscht man alle anwesenden Bekannten über den anderen aus. Aber was tun mit den zusammengetragenen Informationen? Sie nähren nur die Hoffnung, dass es vielleicht doch wieder etwas wird. Hoffnung mildert die Kränkung. Anfänglich. Aber Hoffnung macht auch durstig nach mehr. Nach mehr von etwas, das gerade nur in deiner Erinnerung existiert.

Zuallererst: Sei dir im Klaren, dass keine von deinen neuen Informationen objektiv, geschweige denn neutral ist. Alles, was dir erzählt wird, sieht dein Gesprächspartner durch seine ganz subjektive Brille. Die ist mit eigenen Erfahrungen und Verletzungen gekoppelt. Keine Einschätzung muss wahr sein. Die meisten Aussagen basieren auf einem Abschluss in Küchenpsychologie mit einem Doktortitel in Hörensagen. Nichts davon wird dir wirklich neue Erkenntnisse bringen.

Wie es ihm tatsächlich geht, warum er sich getrennt hat oder generell an der Trennung festhalten will, wirst du nur von ihm erfahren. Und das ist jetzt noch zu früh. Ihr habt beide nicht genug Abstand, um eure Beziehung von außen zu betrachten.

Also: ATME.

DATUM

Wer sind seine 5 engsten Freunde?

Wenn du sie triffst: Sprich sie nicht auf ihn an.

Was hast du schon alles über ihn gehört?

Vergiss es. Du weißt nicht, ob es wirklich stimmt.

14

TAG

„Von zentraler Bedeutung für das performative Regime der Gefühle ist die entscheidende soziale Regel, daß jemandes Handlungen mit seinen Absichten übereinstimmen müssen", sagt die wohl berühmteste Liebeskummerforscherin und Soziologin Eva Illouz. Was aber, wenn die Handlungen nicht mit den Absichten übereinstimmen? Wenn man ja wirklich und ganz echt und diesmal für immer vom Ex loskommen will, aber dennoch ständig auf seinen Social-Media-Accounts rumklickt. Freunde elegant oder irgendwann völlig plump über ihn ausfragt und dann, wenn alle Selbstachtung mit dem letzten Schluck Wein die wunde Kehle runtergespült wurde, den Typ direkt anwinselt, dass er doch bitte nur für dieses eine Mal noch zurückkommen soll.

Oh, du Hölle, in Smartphone-Form! Oh, du Feiertag des Selbstbetrugs!

Handlung und Absicht – die stimmen gerade sowas von nicht überein, wie es nur möglich ist.

Diese Tage wird es geben. Mach dich danach nicht fertig wegen deines Verhaltens. Falle nicht noch tiefer in dieses Loch. Das ist jetzt passiert, das ist dir peinlich, das wird in einem Jahr niemanden mehr interessieren. Denn vor allem ist es: normal.

Die Autorin und Sexbloggerin Theresa Lachner fasst das in ihrem Buch *Lvstprinzip* herrlich einfach zusammen: „Du denkst, das hier ist dein schwächster Moment überhaupt, aber in Wirklichkeit wirst du gerade wahnsinnig stark. [...] Es denkt nämlich jeder ab und zu, die abgefuckteste Person auf dieser Welt zu sein, aber sobald du darüber redest, wirst du feststellen, dass das Quatsch ist."

Jeder war schon an diesem Punkt. Straf dich nicht auch noch selbst.

DATUM

Wann hast du ihn zuletzt auf Social Media gestalkt?

Wann hast du zuletzt geschaut, ob er bei WhatsApp online war?

Wann hast du ihm zuletzt geschrieben?

Wann hast du ihn zuletzt angerufen?

Wann hast du ihn zuletzt abgepasst und angesprochen?

Die Abstände werden größer. Ganz bestimmt.

15

TAG

Meistens kommt man irgendwann an den Punkt, an dem man rückblickend identifiziert, dass sich etwas verändert hat. Oft ist das eine kleine Verschiebung der Gefühlstektonik, nur ein hochsensibler Seismograph registriert die minimale Erschütterung im Herz. Und ganz langsam zieht sich ein Riss durch alles. Irgendwann ist er nicht mehr zu ignorieren, irgendwann kann man die eigene Gefühlswelt nicht mehr leugnen, um das Schlimmste zu vermeiden. Wann das bei euch passiert ist, weißt du sicher ganz genau. Und wahrscheinlich auch, warum.

Das war der Anfang.

An den Moment, in dem dir das Herz gebrochen wurde, kannst du dich bestimmt klar erinnern.

Das war das Ende.

Aber nur das Ende von euch, nicht das Ende von allem.

Damit es nicht das Ende von allem wird, hier ein sehr ernster Hinweis: Forscher identifizierten schon in den neunziger Jahren das *Broken-Heart-Syndrom* (BHS), auch „Tako-Tsubo-Kardiomyopathie" genannt, an dem man tatsächlich sterben kann – und das mit fortschreitendem Alter besonders Frauen trifft. Die Symptome sind identisch mit denen eines Herzinfarktes: Enge in der Brust, Herzrasen, Atemnot. Bei BHS ist die Form der linken Herzkammer stark verändert. Die Herzspitze ist bauchig oder auch ballonartig erweitert und die Hauptschlagader dagegen stark verengt, sodass kein Blut mehr in den Körper gelangt. Nach dieser optischen Veränderung gaben japanische Ärzte der Krankheit ihren Namen. Die Form erinnerte sie an einen traditionellen Tonkrug namens *Tako-Tsubo*, der als Tintenfischfalle fungierte. Mittlerweile gibt es sogar ein globales Registrierungssystem für Patienten mit BHS.

Solltest du solche Symptome bei dir bemerken, geh bitte zum Arzt. Lieber einmal zu viel als einmal zu wenig.

DATUM

Wann war der Moment, an dem du aufgehört hast, bedingungslos in deinen Ex-Freund verliebt zu sein?

Wann war der Moment, an dem dein Herz gebrochen wurde?

Das passiert nicht das erste Mal, wahrscheinlich auch nicht zum letzten Mal. Fertige eine Liste deiner wichtigsten Verflossenen an:

Die hast du alle überlebt. Diesen Typ überlebst du auch.

STELL DICH NICHT SO AN

Warum Liebeskummer bagatellisiert wird

Das Fatale an Liebeskummer ist sein vakuumartiger Zustand. Eine Trennung ist wie ein Einschnitt ins universelle Gefüge: Ab hier ist nichts mehr so wie vorher. Zuverlässige Säulen wie Zeit, Raum und körperliche Bedürfnisse ändern plötzlich ihre Statik. Die Minuten, die man auf das schwarze Handydisplay starrt, ziehen sich gefühlt wie Stunden. Überhaupt fühlen sich die Tage auf einmal unnatürlich lang an. Warum zur Hölle schwankt der Boden dauernd? Hunger hat man sowieso keinen, Durst auch nicht. Dafür ein unbändiges Verlangen nach Betäubungsmitteln jeglicher Art. Zigaretten und Alkohol sind da eher noch die netten kleinen Freunde. Machen wir uns nichts vor, nicht selten wird bei Liebeskummer ziemlich bald hartes Zeug aufgefahren. Liebeskummer ist ein schwarzes Loch.

Und wenn es vorbei ist, will keiner mehr etwas damit zu tun haben. Nein, man vermeidet sogar proaktiv die Erinnerung daran. Das ist der Grund, warum viele Liebeskummer bei anderen abtun: Sie wollen selbst auf gar keinen Fall und unter überhaupt keinen Umständen an ihren eigenen erinnert werden. Dann kommen all die blassen Sprüche wie „es geht vorbei" und „das wird schon wieder". Ja, bestimmt sogar. Man ist ja nicht blöd. Aber gerade fühlt es sich eben nicht so an. Gerade ist alles sehr haltlos. Und das Ende nicht absehbar.

Das haben Traumaforscher erkannt und diverse Studien dazu durchgeführt. Und wo aus dem privaten sozialen Umfeld zumindest teilweise kein wirkliches Verständnis zu erwarten ist, springt unverhofft die Wissenschaft ein. Mit ziemlich viel Verständnis sogar. Der Psychiater und Neurologe Günter H. Seidler leitete bis vor ein paar Jahren die Sektion Psychotraumatologie im Zentrum für Psychosoziale Medizin am Universitätsklinikum Heidelberg. (Ja, ganz schön viel „psycho"!)

Er mahnt: „Schon die Bezeichnung ist im Grunde bagatellisierend: Liebeskummer, das klingt nach einem Teenagerproblem, das sich auf dem Schulhof abspielt. Dabei sprechen wir von einem seelischen Leiden, das auch viele Erwachsene aus der Bahn wirft." Während seiner Karriere als Arzt konnte er immer wieder Parallelen zwischen Traumaopfern und frisch Getrennten ziehen: „Wer Trauma hört, denkt erst einmal an Opfer von Gewalt und Kriminalität, an Menschen, die Naturkatastrophen, Krieg oder Terroranschläge überlebt haben. In der von mir geleiteten Ambulanz begegnete ich aber immer häufiger Patienten, die unter den gleichen körperlichen und psychischen Problemen litten wie diese Personen, obwohl sie keine derartigen Ereignisse durchlebt hatten. Sie waren lediglich von ihren Partnern verlassen worden." Zusätzlich bestätigt er, dass diese Patienten ähnlich reagierten, nämlich wütend und gereizt, wenn sie in Alltagssituationen vorübergehend Kontrolle einbüßten und zum Beispiel im Job oder in der Familie kritisiert wurden. Das führte dazu, dass sie wahllos um sich schlugen oder sich gezielt gegen die Person richteten, die ihr Elend ausgelöst hatte. Seine bitterste Erkenntnis: „Schmerz macht böse."

Verständlich, dass man selbst nichts mehr mit dieser Person zu tun haben möchte, die man nach einer Trennung war – und deshalb alles abwehrt, was die Erinnerung daran wiederbelebt. Wenn also andere zu wenig oder kaum Verständnis für das Gefühlschaos von Verlassenen aufbringen, ist das vor allem Selbstschutz und nicht unbedingt böse Absicht oder Mangel an Empathie. Umso wichtiger ist es, sich professionelle Hilfe zu holen, wenn man nicht mehr weiterkommt. Auch, um die Verantwortung für das eigene Gefühlsleben kurzzeitig abzugeben. An jemanden, der sich damit auskennt. Mit einem komplizierten Splitterbruch im linken Unterarm würde man ja auch zum Arzt gehen, warum also nicht mit einem gebrochenen Herzen?

16

TAG

Sex.

Hattest du wahrscheinlich jetzt schon länger nicht mehr.

Sex.

Völlig unvorstellbar, mit jemand anderem zu schlafen als mit ihm. Einen anderen Mann berühren, küssen. Äh, nein. Die wenigsten haben sofort wieder Sex. Und selbst schon der Versuch, ein schnelles Hook-up klarzumachen, scheitert bei den meisten. Aus der großen „Dem-zeig-ich´s-Euphorie" wird schnell ein „Was-mach-ich-hier-eigentlich?".

Dass Frauen Liebeskummer anders zeigen als Männer, haben wir bereits auf den Seiten 22 bis 23 ausführlich betrachtet. Jetzt geht es mehr darum, mal zusammenzufassen, wie der Sex mit ihm war. Unter anderem auch, um etwaige Rückfälle zu vermeiden. Noch mal mit dem Ex ins Bett zu gehen, hat nämlich in den seltensten Fällen zu gesunden neuen Beziehungsanfängen geführt. Eher zu noch mehr Tränen, noch mehr Selbsthass und noch viel, viel mehr Demütigung. Aber die Abwesenheit von Körperkontakt lässt einen eben gern offensichtlich dumme Dinge tun.

Sei nicht dumm.

Denk lieber noch mal konkret darüber nach, wie euer Sex war.

DATUM

Warst du der aktive oder der passive Part?

War die Frequenz zu niedrig, zu hoch oder genau richtig?

Hat dir etwas gefehlt?

Was hat dir immer am besten gefallen?

Welche Fantasie hättest du gerne ausgelebt?

Wann hattet ihr zum letzten Mal Sex?

War es gut?

17

TAG

Fiktion (Kino, Fernsehen, Musikvideos nur als Beispiel) hat unser Konzept, wie Liebe beginnen, wie sie sein und wie sie bitte enden sollte (nie!), maßgeblich beeinflusst. Das formulierte schon der Soziologe Niklas Luhmann in den sechziger Jahren. Er glaubte, Liebe sei kein Gefühl, sondern ein Kommunikationscode, der auf medial erzeugten Bildern (Filmen) beruht. Die Soziologin Kornelia Hahn übersetzt das popkulturell in unser Jahrzehnt: „Es gibt eine Wechselwirkung zwischen den Vorstellungen von romantischer Liebe, wie sie in Hollywood-Filmen reproduziert werden, und den sozialen Normen, die sich im Alltag dadurch entwickeln." So hätten sich die Grundmuster der romantischen Paarbeziehung immer weiter verfestigt – auch wenn sie nur selten dauerhaft aufrechterhalten werden können.

Wie auch? Denn: Natürlich lässt sich in 120 Minuten Film nicht die ganze Langweiligkeit einer routinierten Langzeitbeziehung erzählen. Wer sollte das sehen wollen? Da geht es nur um diesen Knall, den man am Anfang gefühlt hat. Dieser Blick in die Augen des anderen, der einem versichert: Hier passiert gerade etwas ganz Großes. Etwas Unausweichliches. Das gesamte Universum existiert seit Milliarden von Jahren nur für diesen einen Moment, in dem du und er sich treffen. Wie zwei Planeten, die plötzlich ihre eigene Umlaufbahn verlassen, weil die gegenseitige Anziehung alle physikalischen Gesetze überwindet und bäm! Ihr knallt aufeinander, ineinander.

So soll das das sein.

War es wahrscheinlich auch.

Ein Knall, der im Kino aber ähnlich viel Spielzeit bekommt, ist der, wenn man auseinanderdriftet. Wenn gar nichts mehr so läuft, wie es soll.

DATUM

Und der Zorn über diese Enttäuschung ist allumfassend und vernichtend. Wie kann etwas, das so begann, so bitter enden? Wie kann es überhaupt enden? Wo zur Hölle ist Hollywood, wenn man es braucht?

Nirgends.

Aber das bedeutet nicht, dass du diesen Zorn negieren musst. Er ist real. Raus damit.

Mit welchem Film würdest du eure erste Begegnung beschreiben?

- ○ *The Dark Knight Rises*
- ○ *Crazy, Stupid, Love*
- ○ *The Place Beyond the Pines*
- ○ *Inception*
- ○ *Pulp Fiction*
- ○ ……………………
- ○ ……………………
- ○ ……………………

Wie vernichtend ist dein Zorn?

18

TAG

Berührungen und Berührungen sind nicht dasselbe. Erinnere dich an die Stromstöße, die du gespürt hast, als ihr euch zum ersten Mal zufällig berührt habt. Irgendwann wurde aus der Zaghaftigkeit ein Versprechen, aus dem Versprechen eine Forderung, aus der Forderung eine Kapitulation. Und irgendwann sind sie verschwunden. Diese Mikroberührungen im Alltag, der Wunsch nach bedingungsloser Nähe. Warum das in Langzeitbeziehungen abstirbt, ist ein anderes Thema für später. Wichtig ist jetzt, dass dir bewusst wird, dass Körperkontakt quasi genauso essentiell ist wie Essen, Trinken und Schlafen.

Die bereits verstorbene Wegbereiterin der Familientherapie Virginia Satir stellte schon vor vielen Jahren folgende Regel auf: „Wir brauchen vier Umarmungen am Tag zum Überleben, acht Umarmungen am Tag zum Leben und zwölf Umarmungen am Tag zum innerlichen Wachsen." Mehr als gedacht, oder? In einer Welt aus Smartphones, Tablets und Computertastaturen sind tägliche, ehrliche Berührungen sowieso schon weniger geworden und deshalb umso wichtiger.

Der Experimentalpsychologe Martin Grunwald leitet das Haptik-Labor der Universität Leipzig und sagt: „Jedes Säugetier braucht ein gewisses Maß an Berührung, und wenn das lange ausbleibt, kann man an Körper und Seele erkranken." Außerdem: „Bei einer Berührung gibt es zunächst eine physikalische Verformung. Danach werden Signale an das Gehirn gesendet und dort verarbeitet. Anschließend schüttet es diverse neurochemische Hormone aus, die über die Blutbahn im ganzen Körper verteilt werden: Die Herzfrequenz wird langsamer, die Atmung wird langsamer, die Muskulatur entspannt sich. Und je besser wir jemanden kennen, umso schneller wird sozusagen die Biologie dieser Berührungen angestoßen."

Fassen wir kurz zusammen: Berührungen sind wichtig. Du hast wahrscheinlich schon länger keine mehr bekommen, erst weil sie in eurer

DATUM

Beziehung weggefallen sind, dann weil die Beziehung zu Ende war. Das ist scheiße. Dass du dich nach Berührungen sehnst, ist also völlig verständlich. Dass du deshalb vielleicht körperlichen Kontakt suchst, auch. (Aber bitte nicht bei deinem Ex!) Es geht aktuell einfach nur darum, dieses Verlangen anzuerkennen als das, was es ist: der Wunsch nach einer lebensnotwendigen Ressource.

Falls du dieses Buch morgens aufschlägst, hol es heute Abend noch mal raus und kreuze an:

Dein Tag war …

- ○ ... zäh wie Kaugummi
- ○ ... luftleer
- ○ ... unerträglich
- ○ ... nichtssagend
- ○ ... still
- ○ ... laut
- ○ ... anstrengend
- ○ ... neblig
- ○ ....

Von wem könntest du dir morgen eine ehrliche Umarmung abholen?

....

19

TAG

Besonders an den Tagen, an denen der Verlust nicht nur geistig, sondern auch körperlich kaum auszuhalten ist, klingelt ganz schnell die Hoffnung an der Tür. Wahrscheinlich klingelt sie nicht mal, sondern verschafft sich gleich mit einem Rammbock Zutritt zu deinem Herzen. Und fährt im Anschluss mit einem Panzerbataillon in dein Hirn ein.

Tadaaa: erobert!

Die Hoffnung ist eine miese Sau. Keiner hat je schöner die Hoffnung beschrieben als die schwedische Autorin Lena Andersson in ihrem Roman *Widerrechtliche Inbesitznahme*. Dort schreibt sie: „Die Hoffnung ist ein Parasit im Menschenkörper und lebt in vollkommener Symbiose mit dem Menschenherzen. Es reicht nicht, sie in eine Zwangsjacke zu stecken und sie in eine dunkle Kammer zu sperren. Sie hungern zu lassen, hilft auch nichts, diese Parasiten lassen sich nicht auf Wasser und Brot setzen. Die Nahrungszufuhr muss vollständig eingestellt werden. […] Die Hoffnung muss man verhungern lassen, damit sie ihr Wirtstier nicht verführt und verblendet. Die Hoffnung kann nur durch die Brutalität der Klarheit getötet werden."

Joa, lies das ruhig zweimal hintereinander. Das knallt ordentlich. Und tut irrsinnig weh. Aber es ist die Wahrheit. Jedes Fünkchen von „Es wird wieder gut" oder „Er kommt bestimmt zur Vernunft" ist wie drei Pizzen für die Hoffnung. Es macht sie erst fit und dann fett. Dann macht sie sich breit und belagert dein ganzes Denken und Handeln.

So wird das nichts.

Iss lieber eine richtige Pizza. Mit Freunden. Und schieb die Hoffnung ganz weit weg. Jeden Tag aufs Neue. Auch an diesem. Irgendwann wird es ihr zu blöd, und sie wird erst immer leiser werden und dann ganz verschwinden.

DATUM

Frag deine Freunde, was sie an deinem Ex scheiße finden, und schreib es auf:

BUCHTIPP

Im links zitierten Roman von Lena Andersson spielt die 31-jährige Ester Nilsson die Hauptrolle. Ester hat sich in den viel älteren Künstler Hugo verliebt, der sie ewig hinhält. Sie weiß das eigentlich, dennoch kommt sie nicht von ihm und seinen taktischen Spielchen los. In einem atemberaubenden Tempo erzählt die Autorin in *Widerrechtliche Inbesitznahme* eine Geschichte, die jeder lesen sollte, der schon mal geghostet, ausgenutzt oder in Sachen Exklusivität belogen wurde. Solltest du dich in dieser Situation befunden haben oder gerade befinden, ist der Roman möglicherweise der erlösende Freiheitsschlag.

20

TAG

Hoffnung überlebt sogar Dummheit. Wenn man das akzeptiert, fällt es einem leichter, sich nicht zu schämen, wenn man eben mal dumm ist. (Im Liebeskummer ist man mindestens genauso dumm wie im Verliebt-Modus.) Sieht man im nächsten Schritt, dass der Typ eben so ist, wie er ist, und nicht, wie er sein könnte, hilft das auch noch mal enorm. Aber langsam. Das eine muss man vom anderen trennen.

Dass wir in unsere Partner Eigenschaften und Haltungen projizieren, ist völlig normal. Es ist sogar ziemlich zielführend für die Evolution, wenn wir jemanden besser finden, als er eigentlich ist. Stichwort: Fortpflanzung. Sicher sieht man einige Talente und Potenziale von außen auch viel besser, als es die Betroffenen selbst könnten. Aber letztendlich sollte man sich in den Menschen verlieben und nicht in sein Potenzial. Dass wir das aber oft tun, liegt an unserer Selbstüberschätzung in Sachen Menschenkenntnis. Das nennt die Psychologie „positive Illusionen". Wir denken, wir können unser Gegenüber genau einschätzen. Das hat die Natur ganz klug eingerichtet, damit wir uns souverän und überlegen fühlen. Weil wir zusätzlich aber auch immer altruistisch das Gute im anderen sehen wollen, kann diese Kombination schön nach hinten losgehen. Ziemlich fatal kann das enden, wenn wir verliebt sind. Und in Zeiten von wohl kuratierten Social-Media-Accounts befeuern andere Menschen diese positive Einschätzung logischerweise noch immens. Es ist gar nicht schwer, jemanden gut zu finden, der offenbar eh schon ziemlich toll ist. Der muss ja Superkräfte haben.

Aber dieses idealisierte Bild des anderen bekommt in einer Beziehung Risse. Manchmal mag man diese Risse, oft sicher nicht. Nach einer Trennung erinnert man sich an solche Risse jedoch kaum, dafür umso mehr an die großartigen Eigenschaften.

Denk mal darüber nach, ob er wirklich so großartig war, wie du dachtest.

DATUM

Welche Eigenschaften fandest du an ihm besonders toll?

Wo hätte er wesentlich mehr aus sich machen können?

Worin war er schlicht total beschissen?

21

TAG

Viele Frauen haben das Gefühl, sich immer in den Falschen zu verlieben. Selbst wenn sie zu Beginn einer Beziehung denken, dass sie diesmal aber auch ganz bestimmt nicht wieder das Modell „Gelegenheitstrinker“, „Bindungsphobiker“ oder „Workaholic“ rausgepickt haben, finden sie nach ein paar Wochen heraus: Oops, I did it again.

In Zeiten von Selbstreflexion, Sinnsprüchen auf Insta-Kacheln und serieller Monogamie kommt man spätestens Mitte zwanzig auf sein ganz persönliches Muster in Sachen Beuteschema. Vielleicht weiß man sogar irgendwann, warum man sich immer wieder in den gleichen Typ Mann verliebt. Aber wie man aus dieser Mühle rauskommt … nun ja: Es ist kompliziert.

Die Paartherapieforschung unterscheidet vier Arten von Bindungsverhalten: sichere Bindung, unsicher-vermeidende Bindung, unsicher-ambivalente Bindung und desorganisierte Bindung. In welche Richtung man sich entwickelt, hängt mit den Bindungserfahrungen in der Kindheit zusammen. Und sie beeinflussen natürlich auch, ob wir später eher glücklich mit unseren Beziehungen sind oder aber das Gefühl haben, dass immer irgendwas schief ist – und am Ende schiefgeht. Die Psychologin Kirsten von Sydow macht auf ein besonders fatales Verhalten aufmerksam: „Zu Beginn einer Beziehung idealisieren ja alle Verliebten ihr Gegenüber. Aber Menschen mit belasteten Bindungserfahrungen arrangieren sich auch später eher als sicher Gebundene damit, dass ihr Partner sie vernachlässigt oder schlecht behandelt. Sie sind seit ihrer Kindheit daran gewöhnt, dass sie nicht so wichtig für andere sind – oder sogar daran, emotional, körperlich oder sexuell misshandelt zu werden. Viele Menschen leben lieber eine belastete Beziehung als gar keine.“ Uff.

Und hier kommt der goldene, allumfassende Grund für diese toxischen Beziehungen: „Solche Beziehungen sind oft ungesund für die Betroffenen, aber manchmal auch besonders leidenschaftlich.“

DATUM

Wahrscheinlich muss man auch hier noch mal Hollywood die Schuld geben, dass wir großes Drama oft mit großer Liebe verwechseln. Oder der ganzen Literaturgeschichte der Welt. Oder einfach dem Universum.

Mach dir deine Muster bewusst. Dann stürzt du beim nächsten Mal wenigstens sehend in die Machete und nicht blind. Und irgendwann nimmst du die Machete, stellst sie vorsichtig in die Ecke und sagst zum Träger: „Nein, danke. Kein Interesse."

Welche Eigenschaft haben alle deine Ex-Freunde gemeinsam?

Welche Eigenschaft würdest du dir von einem potenziellen zukünftigen Partner wünschen?

BUCHTIPP

Wenn du tiefer in die Bindungsmaterie einsteigen willst, lies *Bindung in Psychologie und Medizin: Grundlagen, Klinik und Forschung*, ein Kompendium aus verschiedenen wissenschaftlichen Artikeln. Wenn du eher mit der populär-literarischen Variante beginnen möchtest, ist der Klassiker *Jeder ist beziehungsfähig: Der goldene Weg zwischen Freiheit und Nähe* der Therapeutin Stefanie Stahl ein Anfang. Beide Bücher vermitteln wissenschaftliche Inhalte und haben nichts mit dem üblichen Simsalabim aus der Esoterik-Ratgeberecke zu tun.

22

TAG

Willkommen zu einer neuen Runde von „Wir bestätigen ein Klischee". Es gibt ja offenbar zu wirklich jedem Thema eine Studie, die unbedingt hervorheben möchte, dass es hässliche Unterschiede zwischen Männern und Frauen gibt. Eine Erhebung der Advocard Rechtsschutzversicherung AG über die Streitbereitschaft der Deutschen wurde wie folgt ausgelegt: Frauen streiten mehr als Männer und auch länger. Die Frage ist dann natürlich: Mit wem streiten sie, wenn der Mann nicht zurückstreitet? Ob sie dann einfach mit anderen Frauen streiten? Aber gut, ist wohl eine Frage des Blickwinkels und der Verfügbarkeit.

Überhaupt: Ist es nicht auch ein ganz persönliches Empfinden, ob es sich schon um einen Streit handelt oder noch um eine Diskussion? Klingt alles recht schwer messbar, aber bitteschön: Frauen streiten also mehr. Bock hat da sicher keiner drauf. Bemühen wir deshalb lieber eine Studie des Psychologen John Gottman, die nicht auf pure Medienwirksamkeit, sondern auf den zwischenmenschlichen Erkenntnisgewinn zielt. Über Jahrzehnte beobachtete er die Kommunikation von Männern und Frauen – ganz ungeniert unter anderem in einem mit Kameras ausgestatteten Apartment. Er kommt zu dem Schluss: „Nur selten gelingt es Partnern, in andauernden Streitereien konstruktive Lösungen zu erzielen. Der Versuch in langwieriger Beziehungsarbeit grundsätzliche Meinungsverschiedenheiten aufzulösen, ist meist zum Scheitern verurteilt."

Ja, herzlichen Glückwunsch. Fürs nächste Mal sollte man sich dann wohl besser merken: Wenn Streiten zur Gewohnheit wird, bitte schneller als in der Vergangenheit überdenken, ob man wirklich in dieser Beziehung bleiben möchte. Denn besser wird es ja offenbar mit Fortschreiten der Zeit nicht.

DATUM

Worum ging es bei eurem letzten Streit?

Was waren eure klassischen Streitthemen?

Was hat dich an ihm wahnsinnig gemacht?

Was ihn an dir?

Konntet ihr euch ehrlich versöhnen?

Wie häufig habt ihr gestritten?

23

TAG

„Wer versucht, in der Beziehung Recht zu haben, der bestimmt über die Wirklichkeit des anderen. Der Partner muss sich wehren oder er ordnet sich unter. Aber es gibt kein Paar auf Augenhöhe mehr. Wer Recht haben will, sollte nicht heiraten."

Bäm.

Der Satz stammt vom Paartherapeuten Oskar Holzberg und definiert sehr klar, wie man eine Beziehung ganz sicher kaputt macht. Leider liegt recht haben zu wollen in unserer Natur. Jeder hat gern recht, der eine leiser, der andere lauter. Und besonders in einer Trennungssituation schleicht sich sehr oft folgende Gedankengleichung ein: Wenn er doch nur beim Thema XY einsehen würde, dass ich im Recht bin, und es so machen würde, wie ich sage. Dann hätten wir keine Probleme mehr und wären das glücklichste Paar.

Ja, tut er aber nicht. Und zu versuchen, ihn mit einer besonders ausgefeilten Vielfältigkeit an Argumenten, die du ihm wahlweise vorsprichst, vortanzt oder vorgestikulierst, zu überzeugen, ist völlig verschwendete Energie. (Diese Energie solltest du lieber in etwas Sinnvolles stecken. Und ja, an dieser Stelle ist sogar das Schauen von Katzenvideos sinnvoller.)

Irgendwann hat er beschlossen, dass er bei diesem Thema nicht nachgeben will oder kann. Das ist wie eine Ausfahrt nehmen – wer abfährt, ist erst mal weg. Außerdem steht so ein Thema meist einfach nur stellvertretend für viel Kleinscheiß, der einem auf die Nerven geht.

Und übrigens: Du hättest die Beziehung auch nicht retten können, indem du eben NICHT gefordert hättest, was du möchtest oder dir wichtig ist. Das wäre Selbstbetrug. Das macht dich auch nicht glücklich.

DATUM

Bei welchem Thema habt ihr euch immer wieder in die Haare bekommen?

Was waren seine Argumente?

Was waren deine?

Welche Satzanfänge könnten von dir sein?

- ○ „Nie machst du …"
- ○ „Immer machst du …"
- ○ „Merkst du eigentlich nicht, dass …"
- ○ „Wenn du doch nur ein einziges Mal …"

24

TAG

Manchmal wäre einem selbst beschissene Kommunikation lieber als gar keine. Da würde man sogar den heutigen Tag eintauschen gegen einen, an dem man sich mit dem Ex bis aufs Blut gefetzt hat, als weiterhin diese Stille ertragen zu müssen.

Seit der Trennung ist jetzt ein bisschen Zeit vergangen. Dazwischen gab es sicher auch schon Tage, an denen du dachtest: „Naja, vielleicht ist das doch alles nicht so schlimm." Aber meist kommt genau dann ein Riesenloch. Man sieht es gar nicht, hat keine Möglichkeit, davor stehen zu bleiben oder in angemessenem Abstand drum herum zu gehen. Man fällt direkt rein. Tief.

Dann kommt die Schuld. Das Gefühl, dass man selbst verantwortlich für diese ganze Scheiße ist. Dann kommt der Selbsthass. Dann die Kapitulation.

Die Autorin Kathrin Weßling lässt in *Super, und dir?* ihre Protagonistin durch genau diese Hölle gehen: „Ich stehe nackt vor dem Spiegel und schaue mich an. Ich stehe hier schon eine Weile, weil ich nicht weiß, was ich machen soll. [...] Ich schaue mein Spiegelbild an und versuche zu begreifen, wer da steht und was mit dieser Frau geschehen ist. [...] Ich sehe mich selber an und weiß keine Antworten auf die Frage, die ich bin. Was ist los mit dir, was ist bloß los mit dir, was hat dich denn so ruiniert?"

Du siehst, du bist nicht allein.

Und du hast in so einer Situation zwei Möglichkeiten: Du kannst dich jetzt weiter hassen, damit alle Energie verfeuern und am Ende keinen Elan aufbringen, einen Cut zu machen. Oder du stehst jetzt in dieser Sekunde auf und machst etwas, das du dir sonst nie gönnst. Weil es zu teuer ist. Zu viel Zeit kostet. Weil was auch immer. Scheiß drauf.

Entscheide dich.

DATUM

Welcher Tag war der Schlimmste in eurer Beziehung, abgesehen vom Tag der Trennung?

Wenn Geld und Zeit keine Rolle spielten, was würdest du dann jetzt sofort tun?

Was hält dich davon ab?

Gibt es eine alternative Miniversion davon? (Wenn ja, welche?)

BUCHTIPP

Kathrin Weßlings Roman *Super, und dir?* inspiziert das Leben eines typischen Millennials: Marlene, 31 Jahre alt, arbeitet zu viel, hat erst latente, dann ernsthafte Drogenprobleme und Beziehungsschwierigkeiten. Irgendwann wird aus all diesen Krisenherden ein echter Krieg. Vor allem einer, den Marlene gegen sich selbst führt. Ziemlich sicher, dass du dich in deiner aktuellen Situation in diesem Buch wiederfindest.

25
TAG

Nicht wollen dürfen.

Nicht wollen dürfen ist eine der fiesesten Foltern in einer Beziehung. Etwas zu brauchen, aber sich selbst zurückzuhalten, weil man befürchtet, der andere findet einen nervig, unattraktiv oder nicht mehr liebenswert, wenn man es verlangt. Überhaupt: Verlangen – das eigene Verlangen zu negieren und zu ignorieren, um geliebt zu werden, das ist offenbar etwas typisch Weibliches.

Natürlich möchte man dem Partner gefallen, das hat nichts mit Gefallsucht zu tun. Aber sobald man beginnt, sich ständig zurückzunehmen aus Sorge, uninteressant zu werden, ist das der Anfang vom Ende. Die Autorin CJ Hauser beschreibt in ihrer Kurzgeschichte *The Crane Wife* eine Protagonistin, die selbst immer unsichtbarer wird, umso mehr sie versucht, ihren Verlobten zu halten. Sie passt sich an. Verbiegt sich, ignoriert ihre eigenen Bedürfnisse und Wünsche. Irgendwann sieht sie ein, wie sehr sie sich selbst belügt, und sagt die anstehende Hochzeit ab.

Es ist nicht nur nicht falsch, etwas zu wollen, es ist sogar sehr richtig. Und wenn der andere das nicht sieht, es im schlimmsten Fall sogar sabotiert, ist er nicht die Person, mit der du langfristig glücklich wirst. Jeder braucht andere Umstände, Gefühle und Dinge, um zufrieden zu sein. Es liegt in der Natur der Sache, dass man nicht immer alles haben kann. Aber das Fundament muss stimmen.

Hör nicht auf, zu wollen! Nur weil du glücklich sein willst, bist du nicht needy. Du darfst viel wollen. Du darfst sogar alles wollen!

Du musst es dir nur selbst erlauben.

DATUM

Bei welchen Themen hat er dir das Gefühl gegeben, du hättest zu hohe Ansprüche an ihn oder eure Beziehung?

- ○ Häufigkeit eurer Treffen
- ○ Gestaltung eurer Treffen
- ○ Dauer eurer Treffen
- ○ Wunsch nach mehr oder weniger Kommunikation
- ○ Planung gemeinsamer Aktivitäten
- ○ Planung eurer Zukunft
- ○ Häufigkeit von Gefühlsbekundungen
- ○ Wunsch nach Nähe
- ○ Qualität der Nähe
- ○ Wunsch nach emotionaler Sicherheit
- ○ Bitte um Verständnis
- ○ ....

Wie hast du versucht, ihm zu gefallen?

....

Hat er dich und deine Wünsche gesehen?

JA NEIN

Woher der Irrglaube kommt, dass Männer von Frauen gerettet werden müssen

Eine der ältesten Geschichten, die sich die Menschheit erzählt, ist eine besonders dumme: Mann kann Frau nur retten durch seine körperliche Kraft. Frau kann Mann nur retten durch ihre Intelligenz und ihre Gefühle. Das suggeriert natürlich, dass Männer grundsätzlich stärker und Frauen grundsätzlich schlauer und emphatischer sind als umgekehrt. Und es impliziert zusätzlich, dass irgendwer in einer Beziehung immer gerettet werden muss. Das ist natürlich Quatsch. Was außerdem noch mehr Quatsch ist, ist die Geschichte, die man sich gern über das Verhältnis zwischen Mann und Frau hinsichtlich der Tiefe und Wahrhaftigkeit ihrer Zuneigung füreinander erzählt, wenn es drum herum noch zusätzlich so richtig schön kompliziert ist: Je schwieriger es für sie ist, zueinanderzufinden, desto elementarer muss die Liebe sein.

Die Autorin Meredith Haaf hat über dieses Thema ein interessantes Essay mit dem Titel *Rette mich, Baby* geschrieben. Darin widmet sie sich besonders dem Teenager-Büchergenre *New Adult*, das sie wie folgt beschreibt: „Bei ‚New Adult' [...] geht es beinahe ausschließlich um etwas, von dem man behaupten könnte, dass Frauen in jungen Jahren dafür ohnehin oft übertrieben viel Energie aufbringen: anstrengende Männer und der idealistisch aufgeladene Sex mit ihnen. [...] Die Romantik von der Dienstmagd, die den innerlich beschädigten Herrn mit ihrem warmen Herzen und ihren heißen Kurven für sich gewinnt, hat die Demokratisierung der Geschlechterbeziehungen bestens überstanden, genauso wie die populäre weibliche Taschenlüge, dass hinter jedem unfreundlichen Mann nur ein kleiner Knacks liegt, den man mit ein wenig erotischem Geschick wegheilen kann. Spätestens seit dem Welterfolg von E. L. James ‚Fifty Shades of Grey' weiß man das. [...] Dass hinter dem launischen Mann oft nicht viel mehr steckt als mangelnde Erziehung, ist ein Wissen, das sich Frauen oft mühsam erarbeiten müssen."

Nicht nur Bücher, sondern auch das Internet, Quell großer Freude und ebenso großen Grauens, schlägt heranwachsenden Mädchen unaufhörlich Unsinn dieser Art vor. Die Lifestyle-Teenie-Webseite *miss.at*, die digitale Verlängerung des *miss Magazins*, konstatiert 2019 (nicht 1952, leider): „Deshalb ist eine starke Frau die (einzige?) Rettung für einen unreifen Mann" und begründet das mit folgenden Argumenten:

„1. Sie kann helfen, Komplexe zu bekämpfen.
2. Sie kann ihm ein anderes Frauenbild vermitteln.
3. Sie kann ihm ein anderes Männerbild vermitteln.
4. Sie kann BFF-Ersatz sein.
5. Sie kann ihn ‚nach-erziehen'."

Folgender Gedanke: Wenn Mädchen also schon in sehr jungen Jahren von vielen Seiten eingeflüstert bekommen, dass es erstrebenswert ist, jemandem den Hof zu machen, der sich eigentlich pausenlos wie ein unreifes Arschloch verhält, wie gesund ist das wohl für das Beziehungsverhalten als Erwachsene? Hm ... mal kurz überlegen ... fatal oder fatal? Und wenn für Jungs klar ist, dass sie bei Mädchen nur was reißen, wenn sie sich unverbindlich, kaltschnäuzig, aber dennoch besitzergreifend verhalten, wie soll das je fair werden? Und wer davon glücklich? Es kann nicht die Aufgabe einer erwachsenen Frau sein, ihren Partner zu retten, zu erziehen oder ihm projektmanagermäßig durchs Leben zu helfen. Das hat nichts mit füreinander da sein zu tun, das nennt man Pflegefall. Dafür bekommen ausgebildete Fachkräfte Geld.

Frauen übernehmen in unserer Gesellschaft sowieso schon mehr Sorgearbeit. Dass sie damit in Beziehungen nicht aufhören, ist klar und schlicht erlernt. Es ist ja auch völlig richtig, sich um die zu kümmern, die einem wichtig sind. Das darf aber nicht im Umkehrschluss heißen, dass Frauen in Partnerschaften dafür zuständig sind, dass es Männer durchs Leben schaffen. Die müssen schon selbst dafür sorgen, dass sie nicht mit Unterhose auf dem Kopf morgens das Haus verlassen. Eine Beziehung, in der einer das Gefühl hat, den anderen retten zu müssen, ist eindeutig schief.

Was das alles nun mit Liebeskummer zu tun hat? Ziemlich viel. Denn gerade, wenn man sich sehr lange für jemanden verantwortlich gefühlt hat, hinterlässt seine Abwesenheit eine sehr große Lücke im Leben. Eine, die man nicht einfach mit Ablenkung füllen kann, denn die Gedanken wandern automatisch immer wieder zu dieser 24/7-Sorgearbeit hin. Das ist ungefähr so, als würde man jemandem, der sein ganzes Arbeitsleben lang bei einem Signal eine Schranke geschlossen oder geöffnet hat, sagen: „So, ab jetzt gehst du in Rente. Schluss hier mit der Schranke. Bahnwärter brauchen wir jetzt nicht mehr, es gibt doch KI." Der Bahnwärter hört weiterhin ein Klingeln im Ohr, selbst wenn er kilometerweit vom Bahnübergang entfernt ist. Frauen machen sich in den trivialsten Situationen immer noch Sorgen um den Alltag ihrer Ex-Partner, wenn die schon lang davongezogen sind. Im Supermarkt: Ob er wohl genug gegessen hat? Beim Blick in den Kalender: Ob er wohl daran denkt, die Steuererklärung heute abzuschicken? Auf der Autobahn: Ob er wohl schon einen Termin für den TÜV ausgemacht hat? Ein pawlowscher Hund ist ein Scheißdreck dagegen.

Man kann diesen Verlustgedanken aber natürlich auch in eine gesündere Richtung drehen: Wozu jemandem hinterhertrauern, für den man nur eine Betreuungsfunktion hatte? Der wird Pflegekraft A relativ schnell durch Pflegekraft B ersetzen. (Möglicherweise auch durch KI. Ab jetzt ist ja alles KI!) Und gerade geht es nur darum, dass es dir wieder besser geht und nicht ihm. Bemühungen, ihm in dieser Zeit zu helfen, sind ziellos. Und er wird ganz sicher nicht völlig verloren durchs Leben stolpern, nur weil du nicht mehr da bist.

Das ist ein schmerzlicher Gedanke, wenn man so lange Verantwortung für jemanden übernommen hat: dass er auch ohne einen klarkommt. Aber es ist so. Das ist Kontrolle, die man abgeben muss. Und dieser Kontrollverlust schmerzt mindestens genauso sehr, wie verlassen worden zu sein. Da haben wir also einen schönen Haufen Schmerzen, für den unter Umständen auch in Teilen mal wieder das Patriarchat verantwortlich ist. Wie schön.

Der misogyne Text der österreichischen Teenager-Plattform leitet übrigens mit folgendem Mehrzeiler ein: „Männer bleiben auf irgendeine Art und Weise immer kleine Jungs – das macht auch einen großen Teil ihres Charmes und ihrer Anziehungskraft auf die Damenwelt aus. In manchen Belangen brauchen sie aber auch manchmal einen zarten Schubs in Richtung Realität – am besten von der Frau, die sie lieben. Und nein, damit meinen wir nicht ihre Mami!!!"

Ernsthaft?

Wenn überhaupt irgendeine Frau dafür verantwortlich ist, dass aus Jungen keine gefühlstrampelnden, selbstherrlichen Arschlöcher werden, dann ist das ja wohl die Mutter. Und übrigens auch der Vater. Stichwort: Vorbildfunktion. Solange so ein Bullshit weiterhin geschrieben und gedacht wird, brauchen wir uns alle nicht zu wundern, dass es mit der Geschlechterdemokratie nichts wird.

26

TAG

Es gibt Phasen im Leben, da geht es ums reine Überleben. Man hangelt sich von Tag zu Tag, arbeitet auf ein bestimmtes Ziel hin – selbst wenn das Ziel nur darin besteht, dass etwas vorbei ist. Zum Beispiel eine wichtige Prüfung, der langersehnte Umzug oder schlicht der letzte Tag vor dem Urlaub. Das ist ein bisschen so wie die metaphorische Karotte, die dem Esel vor der Schnauze baumelt. Innerlich manifestiert sich der Glaube: Wenn Tag X erreicht ist, wird alles gut.

Gar nicht selten ist das in Beziehungen auch so. Fade Phasen, anstrengende Phasen, verwirrende Phasen werden ausgehalten mit der Projektion, dass es eben nur eine Phase ist. Eine Art Ausnahmezustand.

Newsflash: Das Leben ist eine einzige Aneinanderreihung von Ausnahmezuständen. Wenn ihr darin nicht funktioniert, funktioniert ihr gar nicht. Dadurch zeichnet sich nämlich ganz oldschool-romantisch eine gute Beziehung aus: dass sie in guten und VOR ALLEM in schlechten Zeiten funktioniert. Dazu braucht man nicht mal einen Motivationsspruch, den ein Influencer auf ein Kissen gestickt hat. Das ist eigentlich logisch.

Zu hoffen, dass es zwischen euch besser wird, wenn irgendein Meilenstein erreicht ist, ist eine mittelgeschickte Form von Leugnen der Tatsachen. Im Gegenteil. Gerade solche Widrigkeiten sollten zusammenschweißen. Das Zauberwort hier heißt „Resilienz". Damit ist die psychische Widerstandsfähigkeit gemeint, also die Fähigkeit, Krisen zu bewältigen und sie durch Rückgriff auf persönliche und sozial vermittelte Ressourcen als Anlass für Entwicklungen zu nutzen. Nicht jeder ist von Natur aus resilient, das hat natürlich wieder seinen Ursprung in unserer Kindheit (Überraschung!), aber Resilienz kann man durchaus lernen. Die Forschung zu diesem Thema läuft aktuell auf Hochtouren. Seit ein paar Jahren gibt es in Mainz auch Europas erstes Resilienz-Zentrum, das an die dortige Universität angedockt ist. Was man bisher schon sicher weiß: Das Geheimnis von Langzeitpaaren besteht

DATUM

eben unter anderem auch darin, dass sie sich in Krisen gegenseitig tragen. Das festigt die Beziehung und sorgt sogar für eine stabilere Gesundheit.

Heißt kurz und knapp: Wenn der Typ nicht in der Lage ist, dir in anstrengenden Phasen eine Stütze zu sein (und du ihm umgekehrt auch nicht), dann ist das zum Scheitern verurteilt, egal wie lange ihr das aussitzt.

Don't waste your time.

Auf welche Meilensteine hast du zuletzt hingearbeitet?

In welchen Situationen hat er dich hängen lassen?

Hand aufs Herz: In welcher hast du ihn hängen lassen?

27

TAG

Wenn das so weh tut, muss das Liebe gewesen sein, oder? Aber war das Liebe? Ist das Liebe? Kommt das wieder? Ist das weg? Und warum bist du so unfassbar sauer auf dich selbst?

Früher oder später stellt sich jeder nach einer Trennung diese Fragen. In all diesem Gefühlswahnsinn traut man sich selbst nicht mehr über den Weg. Man hat plötzlich eine ganz reelle Vorstellung davon, wie es sich anfühlt, den Verstand zu verlieren. Das macht einen wütend. Und weil man die Wut nicht auf die Person kanalisieren kann, die diesen Zustand verursacht hat, weil sie schlicht nicht anwesend ist, nimmt man die einfachste mögliche Lösung: Man richtet sie gegen sich selbst. Glückwunsch.

Was wahre Liebe ist, wie sie sich anfühlt – das kann wahrscheinlich keiner richtig konkret beantworten. Das funktioniert besser über das Ausschlussverfahren. Die Autorin Bianca Jankovska fasst das in ihrem *Millennial-Manifest* prägnant zusammen: „Ich weiß bis heute nicht, was Liebe ist. Ich weiß nur, was sie nicht ist. Nicht kann. Liebe ist nicht dieses beunruhigende Gefühl in der Magen-Darm-Gegend, das automatisch Alarm schlägt, wenn eine Nachricht zu lange auf sich warten und mich wegen dahingesagten Nichtigkeiten grübeln lässt, obwohl ein Treffen abgesprochen war. Liebe ist nicht, wegzufahren für vierzehn Tage, ohne Bescheid zu geben. Liebe ist nicht, vielleicht in fünf Jahren zusammenzuziehen."

Na, wiedererkannt?

Es ist eigentlich auch egal, was es war, denn aktuell ist es hauptsächlich eines: nichts Gutes. Da kann man ruhig sauer sein, aber nicht auf sich selbst – weil man denkt, man hätte den Alarm früher hören, das Gegenüber besser einschätzen müssen oder nicht so leichtgläubig sein sollen.

DATUM

BULLSHIT-BINGO

Kreuze an, welche Fuckboy-Phrasen typischerweise von ihm sein könnten:

„Mein Akku war leer."	„Ich habe die Nachricht nicht gesehen."	„Das weiß ich doch jetzt noch nicht."
„Sorry, das hab ich total vergessen."	„Toll, dass du so anders bist als andere Frauen."	„Ich bin sonst echt nicht so."
„Es hat nichts mit dir zu tun."	„Ich muss erst meine Wunden heilen lassen."	„Ich brauche noch Zeit, um mich auf jemanden einlassen zu können."

Jede Aussage dieser Art hat übrigens nur eine Antwort von dir verdient: „Ernsthaft?"

28

TAG

Hier kommt ein erfundenes Beispiel, das natürlich so nie stattgefunden hat, höchstens so ähnlich: Nennen wir die Protagonisten doch Max und Moritz. Max also hat einen Freund, Moritz. Moritz ist ungefähr so schlau wie ein Weißbrot. Ein sehr altes Weißbrot, schlecht durchgebacken. Weil Max manchmal ein bisschen unsicher ist, fragt er Moritz gerne um Rat. Moritz ist ein Garant für Applaus, weil Moritz zu allem applaudiert, was Max sagt. Die beiden sind ein eingespieltes Cheerleading-Team. Als Max sich von seiner Freundin trennt, ist das für Moritz ein Grund, die Korken knallen zu lassen. Endlich hat er seinen Kumpel wieder ganz für sich allein.

Kommt dir diese Geschichte bekannt vor? Wahrscheinlich hat das jede Frau schon mal erlebt (und auch jeder Mann). Und so dämlich du Moritz auch findest, ist das natürlich trotzdem kränkend. Aber auch eine kleine Erleichterung: Jetzt musst du ihn und sein Weißbrothirn nicht mehr ertragen.

Schlimm ist dagegen, wenn man nach einer Trennung herausfinden muss, wer im gemeinsamen Freundeskreis auf welcher Seite steht, und die Platzverteilung plötzlich zur Überraschung wird. Denn so sehr sich alle halbwegs aufgeklärten Menschen darum bemühen, fair zu sein und für niemanden offensiv Partei zu ergreifen, eine Tendenz hat sicher jeder. Und jetzt kommt das eigentlich Traurige: Dem Psychotherapeuten Wolfgang Krüger zufolge verliert man nach einer Trennung fast immer einen Freundeskreis. Die seelische Stabilität, die mit einer Trennung wegbricht, sollte man daher durch eigene (gute) Freunde ausgleichen.

Freunde also: Welche willst du behalten, welche dürfen gehen, wer entpuppt sich als besserer Freund als gedacht? Wichtig ist hier hauptsächlich, nicht nur um des Gewinnens willen zu verhandeln. Freundschaften können nicht aufgeteilt werden wie das Vermögen bei einer

DATUM

Scheidung. Und selbst, wenn du es dir wünschst, du kannst die Leute nur zu einem gewissen Maß in ihrer Entscheidung beeinflussen. Letztendlich geht es nicht darum, wer der Sieger ist und die größte Crowd hinter sich bringt. Auch wenn man das gerne möchte, weil man doch eh schon so viel verloren hat.

Welche gemeinsamen Freunde würdest du gerne behalten?

Wer aus eurem gemeinsamen Freundeskreis steht dir ganz sicher zur Seite?

Welchen seiner Freunde hast du über die gemeinsame Zeit schätzen gelernt?

Welcher seiner Freunde ging dir am allermeisten auf die Nerven?

29

TAG

Viele Paartherapeuten vertreten die Haltung, dass es einer Langzeitbeziehung zuträglich ist, wenn der Partner gleichzeitig der beste Freund ist. Sie zitieren dann gerne Friedrich Nietzsche, der gesagt haben soll: „Ehen scheitern nicht am Mangel von Liebe, sondern am Mangel von Freundschaft." Weil Nietzsche aber durchaus auch fragwürdige Ansichten hatte, wird im Anschluss gerne auf die Beziehungsforscher John Gottman und Esther Perel verwiesen. Beide sehen das ein bisschen differenzierter, vor allem die Tatsache, dass das ganz schön viel verlangt ist: Lover UND bester Freund. Aber wahrscheinlich kann man sich gut darauf einigen, dass es tatsächlich von Vorteil ist, wenn man dem Mann, mit dem man Sex hat, auch ein, zwei emotionale Dinge erzählt.

Was aber, wenn diese Person weg ist? Paradoxerweise hat man in einer Ausnahmesituation des Herzens natürlich das Bedürfnis, mit genau diesem Menschen zu sprechen, der für den Totalschaden verantwortlich ist. Weil das halt die letzten Monate/Jahre so wahr. Automatismus, Routine, Gewohnheit, Diesdas. Die Autorinnen Heike Blümner und Laura Ewert finden in ihrer Sammlung von Trennungsbeispielen in *Schluss jetzt – von der Freiheit sich zu trennen* sehr passende Worte: „Es ist ein bizarrer Moment, in dem der vertrauteste Mensch schlagartig auf Distanz gebracht wird. Fünf, zehn oder mehr Jahre war dieser Mensch selbstverständlich berührbar, nach diesem Moment ist er es nicht mehr."

An wen wendet man sich also an den Tagen, an denen das gebrochene Herz, das Chaos im Kopf und die Schwere auf den Schultern unerträglich sind? Bitte nicht an den Ex-Freund. Aber der Wunsch nach Trost durch die absolut falsche Person ist zu einem Verlangen geworden. Und dagegen ist man manchmal machtlos.

DATUM

Versuche trotzdem immer wieder, dieses Verlangen auszuhalten. Liebeskummer ertragen ist ein bisschen wie trockener Alkoholiker sein. Das Verlangen wird immer da sein, aber was zählt, ist, wie stark du da raus möchtest. Und wenn du einknickst, fängst du eben wieder von vorne an. Solange bis die Abstände immer größer werden. Die Anonymen Alkoholiker haben übrigens ein sehr passendes Gebet für diese Momente, das auch für nicht-religiöse Menschen ein ganz guter Leitfaden ist: „Gott, gib mir die Gelassenheit, Dinge hinzunehmen, die ich nicht ändern kann, den Mut, Dinge zu ändern, die ich ändern kann, und die Weisheit, das eine vom anderen zu unterscheiden." Also dann …

In welchen Situationen war er dir ein wirklicher Trost?

Behalte diese schönen Momente in Erinnerung. War eben nicht alles scheiße. War aber halt auch nicht alles gut.

In welchen Situationen hat er sich völlig daneben benommen, als du jemanden zum Anlehnen gebraucht hättest?

30

TAG

Warme Haut, Küsse, Fingerspitzen, die über Hüften gleiten. Wann hat das angefangen, seltener zu werden? Wann war der Moment, in dem es abgestorben ist? Wann habt ihr aufgehört, beide wirklich anwesend zu sein, wenn ihr miteinander geschlafen habt? Sex. Gradmesser von Nähe.

Viele Paare geben nach einer Trennung kleinlaut zu, dass sie sich schon seeehr lange bevor sie den Schlussstrich zogen, nicht mehr angefasst haben. Wie häufig wir durchschnittlich Sex haben, lässt sich konkret mit Zahlen belegen: Menschen zwischen 18 und 29 haben 112 Mal Sex im Jahr, also 2,15 Mal pro Woche. Bei den 30- bis 39-Jährigen sind es noch 86 Mal Sex im Jahr, das sind 1,65 Mal pro Woche. Egal, ob man dieser Norm entspricht oder nicht, weiß man meist recht genau, wann es individuell zu wenig wurde. Oder wann es komplett aufgehört hat. Ungewöhnlich ist das nicht.

Die Therapeutin Esther Perel, die bereits gestern erwähnt wurde, hat dazu einen spannenden TED-Talk gehalten. Darin erklärt sie: „In einer festen Partnerschaft Verlangen aufrechtzuerhalten, erfordert den Ausgleich zweier grundlegender menschlicher Bedürfnisse: Einerseits unser Bedürfnis nach Sicherheit und Vorhersehbarkeit, nach Geborgenheit, Verbindlichkeit, Verlässlichkeit, nach Dauerhaftigkeit – all diese verankernden und erdenden Erfahrungen in unserem Leben, die wir ‚unser Zuhause' nennen. Aber andererseits haben Männer und Frauen auch ein ebenso großes Bedürfnis nach Abenteuer, Neuem, Geheimnisvollem, Risiko, Gefahr, nach Unbekanntem, Unerwartetem, Überraschungen." Wie soll das eine einzige Person leisten können?

Das ist eine irrsinnige Belastung, nicht jedes Paar findet Strategien, ihr standzuhalten. Wenn dann auch noch der Alltag und Zurückweisungen hinzukommen, hinterlässt das Verletzungen. Vor denen möchte man sich schützen. Und der Sex verschwindet immer mehr.

DATUM

Das ist natürlich traurig. Und sicher würden sich beide gern an den Anfang zurückkatapultieren, als man quasi immer und überall Sex hatte. Als Sex Teil der gemeinsamen Sprache war. Das zurückzuholen ist euch wahrscheinlich nicht gelungen. Das ist menschlich. Daran ist keiner Schuld. Verzeih dir. Verzeih ihm.

Wie oft hattet ihr gegen Ende eurer Beziehung Sex?

Was trifft zu?

- ○ Er hat mich oft abgewiesen.
- ○ Ich habe ihn oft abgewiesen.
- ○ Der Sex war leidenschaftslos.
- ○ Wir hatten nicht mehr die gleichen Vorlieben.
- ○ Ich habe mich nicht mehr wohlgefühlt in meinem Körper.
- ○ Er hat sich nicht mehr wohlgefühlt in seinem Körper.
- ○ Mir war das zu wenig.
- ○ Mir war das zu viel.
- ○ Es war mir einfach egal.
- ○ Ich hatte das Gefühl, ich war ihm egal.

31

TAG

Die Vorstellung, dass uns jemand je wieder so verstehen kann, wie es der Ex-Freund getan hat, scheint nach einer Trennung völlig absurd. Wie soll das gehen? Das kann allein schon deshalb nicht möglich sein, weil man überhaupt keine Lust oder keinen Elan verspürt, irgendwann auch nur irgendjemandem all diesen Kram noch mal über sich zu erzählen. Fühlt sich viel zu aufwendig an. Grauenvoll. Dann lieber fünfmal wegen kaputtem Aufzug in den 23. Stock laufen.

Dass das wahrscheinlich eine Überreaktion sein könnte, dämmert dir bestimmt. Aber der große Effekt der *Frustration Attraction* (siehe Tag 10) wischt das alles großräumig weg. Mit extrastarkem chemischen Reiniger. Dabei wäre es viel klüger, die Sache mit dem Verständnis mal umzudrehen. Viel mehr noch: sich darüber Gedanken zu machen, an welchen Stellen der Ex einen so gar nicht verstanden hat. Der Paartherapeut Oskar Holzberg glaubt: „‚Du verstehst mich nicht!', ist die häufigste Verzweiflung in Liebesbeziehungen. Und die entsetzlichste. Denn wir halten es nicht aus, wenn der wichtigste andere nicht versteht, wie wir uns fühlen. Wenn er nicht begreift, was in uns vorgeht. Jedes Kind weint vor Einsamkeit und Verzweiflung, wenn die Eltern sich nicht in seine Bedürfnisse einfühlen. Und als Erwachsene erleben wir die gleiche Verzweiflung und Einsamkeit, wenn wir uns nicht verstanden fühlen. Alleine, das steckt tief in unseren Genen, können wir nicht überleben."

Zuallererst: Du bist nicht allein. Du bist nur nicht mehr mit diesem Mann zusammen. Das fühlt sich sehr einsam an, hat aber nichts mit Alleinsein zu tun. Es gibt sicher viele Menschen, denen du sehr wichtig bist. Und umgekehrt.

Nicht verstanden zu werden ist bitter. Es weckt auch das Engagement in uns, durch vielfältige Umschreibungen dem anderen Thema XY doch noch verständlich zu machen. Das ist an sich ein guter Wesenszug, beim Ex-Freund aber Perlen vor die Säue. Der muss dich erst mal nicht

DATUM

mehr verstehen. Und du ihn auch nicht. Dazu fehlen dir auch zu viele Informationen. Natürlich kannst du jetzt versuchen, sie dir FBI-mäßig zusammen zu recherchieren. Aber wozu? Sich trennen ist wie sich verlieben: Die letzten 3 Prozent, warum die Wahl auf diese Person, diese Konstellation und diesen Zeitpunkt fielen, werden immer ein Mysterium bleiben.

Und rückblickend darf man ganz kleinlaut zugeben: Zum Glück hat man immer wieder jemanden getroffen, der einen verstanden hat. Der die Person verstanden hat, die man gerade ist. Denn auch die ändert sich stetig.

In welchen Situationen hat er dich nicht verstanden?

Welche Themen waren in euren Diskussionen echte Klassiker?

- ○ Familie
- ○ Freunde
- ○ Arbeit
- ○ Geld
- ○ Urlaub
- ○ Freizeitgestaltung
- ○ Kinder
- ○ Zeitmanagement
- ○ Rücksichtnahme
- ○

32

TAG

Eine Trennung ist nicht nur ein Verrat an der Liebe, sondern auch ein Verrat an der eigenen Person. Die Aufkündigung der Loyalität zieht einem den Boden unter den Füßen weg.

Die Tage, an denen die Wut ausbricht, sind die besseren. Die Tage, an denen du stumm aus dem Fenster starrst, sind die schlechteren. Denn solange etwas passiert, fühlt man sich wenigstens noch lebendig. Dieses stumme Starren ist wesentlich fataler. Die Literaturwissenschaftlerin Gunda Windmüller fragt: „Warum wir glauben, ohne die Liebe nicht zu können? Weil wir glauben, dass erst die Liebe aus uns ganze Menschen macht. Sie ist nicht einfach nur ein Erlebnis, das kommt und geht. Sie betrifft uns, und das heißt: uns in unserer Vollständigkeit, uns in unserem Ich. [...] Die Liebe ist überall, sie hat sich totalisiert. Wer sich von ihr ausgeschlossen fühlt, fühlt sich also so richtig ausgeschlossen."

Ihr seid getrennt, du darfst nicht mehr bei diesem offenbar gesellschaftswichtigen Spiel mitmachen. Darauf kann man mit Paralyse reagieren. Oder einen großen Molotowcocktail auf die Straße werfen. Und noch einen. Daraus kann man einen ganzen Berliner 1. Mai machen. Wichtig: Molotowcocktails immer nach draußen schmeißen, nicht nach drinnen. Drinnen heißt: aufhören zu essen, aufhören zu schlafen, aufhören, den Alltag geregelt zu bekommen, aufhören mit dem Aufhören. Lieber anfangen mit dem Anfangen.

Der schon an Tag 6 zitierteThomas Meyer sagt: „Jede schlechte Partnerwahl ist eine gute Lektion. [...] Nirgends lernen Sie mehr über Ihre Bedürfnisse als in einer Konstellation, in der diese unbefriedigt bleiben und sich dadurch umso heftiger bemerkbar machen: Wie sollen Sie herausfinden, was Ihre Seele wirklich braucht, wenn es ihr nie

DATUM

schmerzlich gefehlt hat? Wie sollen sie herausfinden, was wirklich nicht zu Ihnen passt, wenn Sie nie erfolglos versucht haben, es zum Passen zu bringen?"

Das hier hat nicht gepasst. Zünde die Mollys an. Ist okay.

Welche 3 Grundbedingungen müssen erfüllt sein, damit du dich geliebt fühlst?

Wie wütend bist du heute?

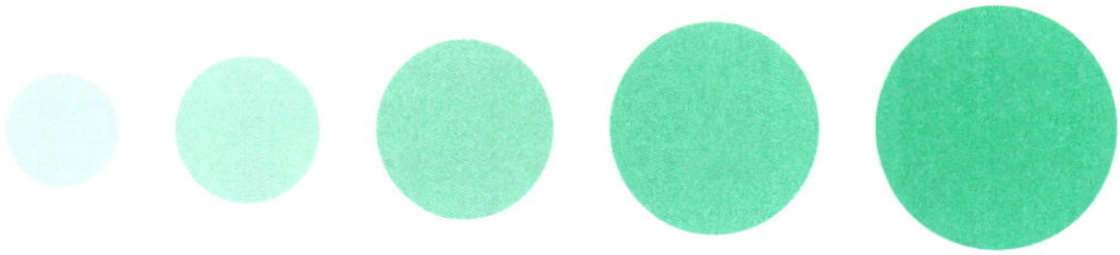

33

TAG

Nach einer Trennung verhält sich der Verlassene wie ein Tier auf der Flucht: Ständig wird die Umgebung gescannt und analysiert, überall lauern Bedrohungen oder Fakten, die man verpassen könnte. Sämtliche Informationen über den Ex-Freund werden von allen Seiten angesehen, seziert und eingeordnet – um nur wenig später wieder rausgeholt zu werden und noch mal angesehen, seziert und eingeordnet zu werden. Und sämtliche Taten oder Nicht-Taten werden so ausgelegt, wie man sie heute am liebsten hätte. Das nennt man Affektheuristik.

Ein schönes, schlaues Wort, oder? So definieren Psychologen unsere Urteile, wenn wir sie basierend auf Gefühlen bilden. Meinungen und Entscheidungen beruhen oft schlicht auf Zuneigung oder Abneigung gegen die jeweiligen Alternativen. Übersetzt heißt das: Wenn du nicht wahrhaben willst, dass dein Ex nicht mehr mit dir zusammen sein will, dann wirst du alles, was er tut oder nicht tut, dahingehend auslegen, dass er doch irgendwann zurückkommt.

Um es ganz deutlich zu sagen: Er hat dich verlassen. Er wird nicht zurückkommen. Egal, wie du dir die Faktenlage zurechtsortierst.

Diese Aussage findest du jetzt ein bisschen hart?

Ja, ist sie. Aber Härte ist die einzige Waffe, um sich nicht in der Affektheuristik zu verlieren.

DATUM

Was trifft zu?

- ◯ Er hat dich verlassen.
- ◯ Er hat dich schon mehrfach verlassen.
- ◯ Er ist unzuverlässig in seinen Entscheidungen.
- ◯ Er hat seit der Trennung um ein Gespräch gebeten.
- ◯ Er will gerade überhaupt nicht mit dir sprechen.
- ◯ Er hat eine neue Beziehung.
- ◯ Er wurde bereits mit anderen Frauen gesehen.
- ◯ Er hat noch Sachen von dir.
- ◯ Du hast noch Sachen von ihm.
- ◯ Er meldet sich regelmäßig.
- ◯ Du meldest dich regelmäßig.
- ◯ Ihr textet euch, wenn einer von euch oder ihr beide betrunken seid.
- ◯ Du willst ihn zurück.
- ◯ Du willst ihn nicht zurück.
- ◯ ....

33 TAGE GESCHAFFT // EIN RESÜMEE

„Wer verlässt, spürt keinen Schmerz. Wer verlässt, braucht nicht zu reden. Wer verlässt, ist fertig. Das ist der große Schmerz. Wer verlassen wird, muss dagegen bis in alle Ewigkeit reden. Und dieses Gerede ist nur der Versuch, dem anderen zu sagen, dass er sich geirrt hat. Wenn er nur einsähe, wie die Dinge wirklich liegen, würde er sich nicht so verhalten, dann würde er den anderen lieben. Bei dem Gerede geht es nicht darum, sich Klarheit zu verschaffen, was der Redende behauptet, sondern darum, zu überzeugen und zu überreden." Diese Passage aus *Widerrechtliche Inbesitznahme* von Lena Andersson fasst den Gedankenhorror ganz gut zusammen.

Willst du reden?

Hast du noch Fragen?

Was passiert, wenn du Antworten bekommst, die dir nicht gefallen?

Eure Trennung ist jetzt Minimum 33 Tage her. Wahrscheinlich habt ihr zwischenzeitlich auch schon mal geredet oder zumindest irgendwie Kontakt gehabt. Wie ging es dir danach? Wirklich besser? Oder hat alles wieder von vorne angefangen?

Diese Verhandlungen, die du führst, führst du hauptsächlich mit dir selbst. Angenehm ist dieses Selbstgespräch nicht, schon klar. Wie oft hast du dich dabei ertappt, wie du aufs Smartphone-Display gestarrt hast, in der Hoffnung, dass es aufleuchtet? Wie oft hast du dir Sätze zurechtgelegt in deinem Kopf, die du gern noch sagen würdest? Sätze, die du wahrscheinlich zwischendurch in das kleine WhatsApp-Textfenster getippt hast. Um sie zu löschen. Sätze, die die Apokalypse irgendwie noch aufhalten. Schön, wie sie da so liegen in deinem Kopf und darauf warten, abgeholt zu werden. Das ist so statisch, das tut so weh. Und das ist so gemein. Während diese Sätze da so stumm herumliegen, arbeitet es dennoch unaufhörlich in Hirn und Herz. Und bei all dem Zurückerinnern und Analysieren der Situation, hat sich sicher etwas in dir bewegt. Das Verhandeln dieser Art hört jetzt auf, die Bewegung nicht. Die geht ab jetzt in nur eine Richtung: nach vorne.

Zeit für ein Resümee.

Wie würdest du dein Cyberstalking in den letzten 33 Tagen beschreiben? Zeichne eine Kurve:

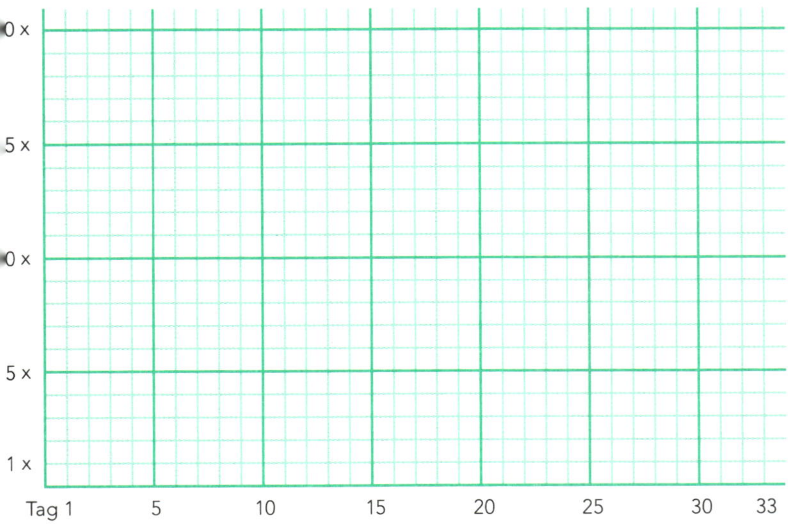

33 TAGE GESCHAFFT // EIN RESÜMEE

Was hast du verstanden?

Was verstehst du noch nicht?

Was lief besser als gedacht?

Was lief beschissen?

Was hast du gelernt?

Was hat er Dummes getan seit eurer Trennung?

Was hast du Dummes getan seit eurer Trennung?

Ich möchte ihn gern bald wiedersehen. JA NEIN

Ich möchte ihm noch dringend etwas sagen. JA NEIN

Ich möchte noch mal mit ihm schlafen. JA NEIN

Ich möchte ihm etwas erklären. JA NEIN

Ich möchte ihn zurück. JA NEIN

.... JA NEIN

Worauf bist du stolz?

....

....

....

....

....

KOMPENSIEREN

TAG 34–66

34

TAG

Es gibt Tage, die gehen gar nicht. Selbst wenn du morgens beim Aufstehen noch mit aller Kraft dieses filigrane Gerüst zusammenhältst, das dich zusammenhält, weißt du, dass es nur eines Windhauchs bedarf, um es und damit dich zum Einsturz zu bringen. Ja, du merkst hier schon an der Wortdopplung, wie erfolgreich dieser Versuch, alles zusammenzuhalten, ist: zum Scheitern verurteilt.

Ein trauriger Song im Radio, eine verschüttete Tasse Kaffee, eine rote Ampel, ein Idiot, der dich in der U-Bahn anpöbelt – irgendwas wird dich zu Fall bringen. Du kannst das übergehen. Einmal, zweimal, siebenmal. Aber irgendwann wird dein Kopf wahlweise mit Tränen in den Augen auf die Schreibtischkante knallen oder gegen die Wand der Bürotoilette lehnen. Anstatt also die Tränen die ganze Zeit runterzuschlucken, um beim siebten Mal doch zu kapitulieren, kannst du einfach schon bei Scheißmoment Nr. 1 auf all dieses Zusammenreißen verzichten. Der Schmerz wird dich sowieso einholen. Und das ist okay.

Heul halt! Endlich!

Hör auf, so zu tun, als ob es dir gut geht. Dir geht es nicht gut.

„Weinen dient dazu, dass der Mensch sich psychisch reguliert und von unangenehmen Erfahrungen befreit", sagt der Psychologe Bernd Ahrbeck. „Weinen ist im Allgemeinen vor allem der Ausdruck von Hilflosigkeit." Für die Augen hat das keinen Nutzen, außer, sie feucht zu halten. Das ginge aber auch mit weniger Flüssigkeit. Der Mensch ist sogar das einzige Lebewesen, das nicht nur zur Befeuchtung des Auges weint, sondern auch, weil es seelisch nicht mehr klarkommt.

DATUM

Hier noch ein paar Zahlen und die kaum überraschende Bestätigung einer gefühlten Wahrheit: Frauen weinen laut der Deutschen Ophthalmologischen Gesellschaft 30- bis 64-mal pro Jahr, Männer dagegen nur 6- bis 17-mal. Bis zum 13. Lebensjahr weinen Jungs und Mädchen übrigens gleich viel. Was danach passiert? Die Shitshow namens Patriarchat. Gefühle unterdrücken ist Mist, den sich vorangegangene Generationen ausgedacht haben. Da glaubte man auch noch an Hexen und hat seine Exkremente aus dem Fenster gekippt.

Wollen wir weiter so sein? Wohl kaum.

Wann hast du das letzte Mal geweint?

Wie oft hast du diese Woche schon geweint?

35

TAG

Es gibt da diese schöne urbane Legende von der betrogenen Frau und den Kressesamen. Die geht so: Eine Frau findet heraus, dass ihr Partner sie betrügt. Die beiden leben nicht zusammen, sie haben aber jeweils Schlüssel für die Wohnung des anderen. Nach großem Eklat, Herumwinden des Mannes um die Wahrheit und vielen Vorwürfen verreist der Betrüger, um einen klaren Kopf zu bekommen. Die Betrogene erfährt dies, läuft schnurstracks in den Baumarkt und dann in seine Wohnung. Wir erinnern uns: Schlüssel. Dort wässert sie sämtliche Teppiche, Kissen, Vorhänge und bestoffte Möbelstücke: Couch, Sessel, Bett. Danach verteilt sie auf den feuchten Flächen großräumig einen Maxi-Sack Kressesamen. Die gehen, wie jeder weiß, nach nur wenigen Stunden auf. Nach ein paar Tagen ist die gesamte Wohnung ein grünes Biotop. Und ruiniert.

Diese Vorstellung fühlt sich hervorragend an, oder?

Blöd daran ist: Die Frau ist immer noch betrogen und verletzt.

Dennoch ist Rache nicht per se schlecht. Der Psychologe Mario Gollwitzer beschäftigt sich schon sehr lange mit dem Phänomen der Rache. Er definiert: „Rache ist eine Mischung aus Selbstwertbefriedigung und dem Bedürfnis nach Gerechtigkeit." In diversen Studien hat er gezeigt, dass Rache tatsächlich einen kathartischen Effekt haben kann, allerdings nur kurzfristig. Um jemanden, der Rachegelüste hegt (und ausführt), tatsächlich zu befrieden, muss echte Genugtuung stattfinden, und das ist eher unwahrscheinlich. Denn meist wiegt nichts eine emotionale Verletzung auf. Auch nicht eine durch Kressesamen verwüstete Wohnung.

DATUM

Falls du dir also schon diverse Racheszenarien ausgedacht hast, tu dir keinen Zwang an und spiel sie weiter theoretisch durch. Verzichte aber darauf, im realen Leben deinem Ex-Freund eins auszuwischen. Glaub ans Karma. Reminder: Das Karma ist eine Bitch. Eine, die gnadenlos zurückschlägt. Du musst nur drauf warten.

Was ist deine liebste Rachefantasie?

Hast du dich schon mal gerächt? JA NEIN

Musstest du dafür kriminell werden? JA NEIN

Gibt dir diese Erinnerung heute noch Genugtuung? JA NEIN

36

TAG

„Eigentlich sollte es keinen Unterschied geben, aber am schlimmsten sind die Freitag- und Samstagabende. Sie sind am schlimmsten, weil die Einsamkeit dann am stärksten ist. Man kann höchstens hoffen, daß da draußen eine andere Person in der ähnlichen Lage ist, aber falls es sie gibt, wirst du sie nie kennenlernen, weil diese Person, wie du, auch nie ausgeht." Dieses Dilemma könnte dir bekannt vorkommen. Hier trifft es Vincent, den Protagonisten aus Joey Goebels gleichnamigem Roman. Er handelt von einem jungen, äußerst talentierten Mann, der nur dann große Kunst schaffen kann, wenn es ihm richtig, richtig schlecht geht. Um das zu gewährleisten, achtet sein Manager darauf, dass Vincent am laufenden Band schlimme, herzbrechende Dinge passieren. So viel sei gespoilert. Am besten liest du das Buch selbst.

Möglicherweise fragst du dich jetzt gerade, ob es auch jemanden gibt, der nonstop dafür sorgt, dass es dir scheiße geht. Und vielleicht sogar dafür bezahlt wird, dir das Leben besonders schwer zu machen. Höchstwahrscheinlich nicht. Aber, wer weiß? Nein, Schluss mit Zynismus. Stattdessen: rausgehen. In die Stadt, unter Leute, in einen Club, in eine Bar. Besonders an einem Freitag- oder Samstagabend. Auf keinen Fall ständig zu Hause bleiben, Netflix streamen und an die Decke starren. Das kann man ruhig mal eine Zeit lang machen, aber sozialer Kontakt schmeißt dein Hirn anders an. Und ja, die Überwindung ist groß. Eine ganz frische Studie der University of Missouri bestätigt noch mal, dass Ablenkung eine von drei wichtigen Kompensationsstrategien bei Liebeskummer ist. Zu den anderen kommen wir noch.

Vielleicht schaffst du wirklich große Kunst, wenn du diese ganze Trauer, Wut und Enttäuschung in etwas anderes verwandelst. Falls an deinem Talent aber eventuell Zweifel bestehen, nimm Vincent als Anti-Beispiel und hör auf, mit dir zu verhandeln. Wetter, Klamotten, ungewaschene Haare, alles egal. Geh raus. Wenigstens kurz. Und wenn du heute Abend nur über ihn redest: auch okay. Das Hirn muss eben sortieren.

DATUM

Wann warst du das letzte Mal aus?

Mit wem kannst du gut an einer Bar stehen und schweigen oder wahlweise ganz viel reden?

BUCHTIPP

Mit wenigen Protagonisten kann man so schön mitleiden wie mit Vincent aus Joey Goebels links zitiertem Roman. Der arme Kerl wird so mies vom Leben sabotiert, dass deines dagegen wahrscheinlich frisch und rosig aussieht. Darüber kann man tatsächlich lachen. Oft mit Tränen in den Augen.

37

TAG

Keiner hat Zeit. Also zumindest keiner, mit dem man in dieser Situation zusammen sein möchte. Oder nennen wir es besser: neben dem man gern vegetieren würde. Es gibt den viel beschworenen Unterschied zwischen einsam sein und allein sein. Alleinsein kann sich sehr schön anfühlen: im Pyjama durch die Wohnung schlendern, die Klotür offen lassen, stundenlang alle Folgen von *The Good Wife* auffrischen. Oder durch eine neue Stadt spazieren, Eis in der Sonne essen, Geld für Kleider ausgeben, die man nicht braucht. Schweigender Konsum. Hervorragend.

Einsamkeit ist einfach nur ätzend. Dieses unruhige Gefühl, nicht zu wissen, wohin mit sich. Dieses Getriebensein und trotzdem nicht vorankommen. Feststecken im Jetzt und dennoch immer arrhythmisch vibrieren. Zum Kotzen. Und gefährlich. Die Psychologin Julianne Holt-Lunstad stellte kürzlich eine umfassende Studie vor, in der sie und ihre Kollegen von der Brigham Young University in Utah nachwiesen, dass Einsamkeit und soziale Isolation aktuell zu den größten gesundheitlichen Bedrohungen der westlichen Welt zählen. Noch vor Fettleibigkeit. Allein in den USA leiden mehr als 42 Millionen Erwachsene unter chronischer Einsamkeit. Sie werden schneller krank und sterben früher. Herzlichen Glückwunsch.

Der Prozess, in dem aus Alleinsein Einsamkeit wird, ist schleichend. Die Autorin Anja Rützel hat darüber ein interessantes (und vor allem sehr lustiges) Buch geschrieben: *Lieber allein als gar keine Freunde*. Sie trennt darin „gewollt Einsame" und „ungewollt Einsame". Für Letztere gilt: „Wenn jemand ungewollt einsam ist, liegt das wahrscheinlich daran, dass er oder sie Probleme damit hat, Menschen kennenzulernen. Ihm oder ihr dann zu raten, doch einfach loszugehen und, na ja: Menschen kennenzulernen, ist ähnlich zielführend wie einem Ertrinkenden aus dem Liegestuhl am Ufer zuzurufen, er solle doch einfach schwimmen."

DATUM

Gestern sind wir davon ausgegangen, dass du gewollt allein bist. Heute gehen wir davon aus, dass du ungewollt einsam bist.

Bist du einsam, weil niemand Zeit hat? JA NEIN

Bist du einsam, weil jemand Bestimmtes keine Zeit hat? JA NEIN

Bist du schon länger als ein paar Wochen einsam? JA NEIN

Hast du heute bereits jemanden kontaktiert, um ein Treffen auszumachen? JA NEIN

Hat derjenige abgesagt? JA NEIN

Hast du abgesagt? JA NEIN

Bist du wirklich ungewollt einsam? JA NEIN

HINWEIS

Wenn du nicht gewollt allein bist, weißt du, was zu tun ist (siehe Tag 36). Wenn du ungewollt einsam bist, suche dir professionelle Hilfe. Ein erster Schritt kann ein Anruf bei der örtlichen Koordinationsstelle für Psychotherapie sein, um eine therapeutische Probestunde zu vereinbaren. Das geht fix, ist null peinlich und völlig unkompliziert.

38

TAG

Für manche Ereignisse findet man erst mal nicht die richtigen Worte. Das hier ist wahrscheinlich eines davon. Bis man den Ausdruck „Trennung" wirklich sich selbst gegenüber in den Mund nimmt, vergeht oft einige Zeit (abgesehen vom unkontrollierten Geschimpfe im ersten Moment). Man will ja nicht vorgreifen. Vielleicht ist es nur eine Auszeit. Eine Pause. Ein sich Besinnen. Würde man da schon von Trennung sprechen, hätte man bereits ein Label auf etwas geklebt, das bitte schön erst dann ein Etikett bekommen soll, wenn sich alle Beteiligten ganz, ganz, gaaaanz sicher sind. Also so richtig, richtig sicher. Aber was ist schon sicher im Leben außer dem Tod? (Ein Hoch auf das Pathos!)

Vielleicht bist du noch nicht so weit, das Ende eurer Beziehung der breiten Öffentlichkeit zu kommunizieren. Was du aber schon formulieren kannst, ganz für dich selbst, ist das vermeintliche eigene Scheitern: Du hast versucht, diese Verbindung schön und lebendig zu halten. Es hat nicht geklappt. Welche Gründe das hatte, weißt nur du allein. Dass wenn überhaupt dafür nur einer verantwortlich ist, scheint relativ unwahrscheinlich.

Übrigens: Hier von „Schuld" zu sprechen, ist völlig falsch. Keiner hat Schuld. Es hat nicht gepasst. Die Ereignisse haben in ihrer Konsequenz dazu geführt, dass mindestens einer von euch jetzt keine Zeit mehr mit dem anderen verbringen will. Zumindest nicht als die Menschen, die ihr gerade seid. Das zu akzeptieren ist schwierig und klappt mal besser, mal schlechter. Erwarte nicht zu viel von dir. Und bitte einfach überhaupt nichts von deinem Ex. Was er macht, ist seine Sache, nicht deine. Es geht nur um dich hier.

DATUM

Welche seiner Verhaltensmuster haben dich überfordert?

Mit welchen Verhaltensmustern hast du ihn überfordert?

In welchen Situationen hättest du anders reagieren können?

39

TAG

Das vermeintliche Glück der anderen ist in einer Trennungssituation ein sich ständig wiederholender Schlag ins Gesicht. Mit der flachen Hand. Wenn die eigene Beziehung in Trümmern liegt, scheinen die Menschen um einen herum mit ihrem Glück noch penetranter hausieren zu gehen als sonst. All diese Pärchen, die sonntags beim Brunchen über ihrer heißen Schokolade mit doppelt Sahne sitzen und sich romantisch in die Augen glotzen. Wohin mit deinem Hass? Und wer geht eigentlich in diesem Jahrzehnt noch brunchen außer nervige verliebte Paare?

Sarkasmus beiseite. Es ist ein nachvollziehbarer Reflex, dass du dich fragst, warum die anderen ihre Beziehungen so toll hinkriegen und du nicht. Karriere, regelmäßige Zweisamkeit, leidenschaftlicher Sex (spontan!), schöne Wohnung, womöglich auch noch echt nette Kinder – warum die und nicht du? Was hast du falsch gemacht? Was stimmt nicht mit dir? Warum passiert dir das (immer wieder)? Nun, zuerst: Das ist eine sehr subjektive und vor allem dunkel gefärbte Wahrnehmung, die sich natürlich aus den Umständen ergibt. Wenn dir das tatsächlich immer wieder passiert, solltest du dich möglicherweise wirklich mal mit einem Therapeuten auf Spurensuche begeben. Die Erklärung liegt wahrscheinlich dort, wo du sie gar nicht vermutest. Vielleicht wirkt das aber gerade auch einfach nur so. Was ganz sicher und unumstößlich aber stimmt: Du kannst den Leuten nur bis vor den Kopf schauen. Mit ziemlicher Sicherheit stinkt es auch bei diesen ach-so-glücklichen Paaren in ihren schicken Hipster-Wohnungen mit völlig austauschbaren Deko-Elementen irgendwo. Keiner kriegt alles hin. Du nicht. Die nicht. Wenn du aber gerade solche Paare nicht erträgst, dann meide sie. Mit einer Nussallergie isst man ja auch kein Snickers.

Triff stattdessen Single-Freunde. Mit denen kannst du dich in Multicolor über „glückliche Paare" austauschen. Ohne dass dich jemand des Neids bezichtigt.

DATUM

Welche Paare aus deinem Freundeskreis solltest du im Moment am besten meiden?

....

....

....

Hier ein paar Ausreden, um Treffen mit ihnen rückfragefrei absagen zu können. Welche würden sie dir abkaufen?

- ○ Ich muss auf den DHL-Mann warten.
- ○ Meine Mutter kommt zu Besuch.
- ○ Ich habe diesen Hautausschlag, von dem ich noch nicht weiß, ob er ansteckend ist.
- ○ Wasserschaden.
- ○ Ich habe vergessen, die Tür vom Eisfach richtig zu schließen.
- ○ Die Handwerker kommen vorbei, um sich diese Macke im Fußboden anzuschauen. Die können nur heute.
- ○ Periode. (Endgegner!)
- ○ Offenbar war das Sushi nicht mehr ganz frisch.

Schöner wäre es natürlich, man könnte einfach sagen: „Hey, ich habe gerade keinen Bock auf euer Glück." Geht eben nicht immer. Man will ja nicht überall verbrannte Erde hinterlassen.

40

TAG

Achtsamkeit, das große It-Word unserer Zeit. Eine Begleiterscheinung, der man kaum entkommen kann: Achtsamkeits-Apps, allem voran solche, die Meditation to go anbieten. Die aktuellen Marktführer Calm und Headspace wurden bei Google Play im ersten Halbjahr 2019 allein in Deutschland fast sieben Millionen Mal heruntergeladen. Die weltweiten Umsätze multiplizieren sich jährlich quasi wie von selbst. Das Interesse ist riesig. Mit ihren Zehn-Minuten-Meditationen prägen sie das Bewusstsein einer ganzen Bevölkerungsschicht. Die Wissenschaft untersucht weltweit die Auswirkungen dieses Booms. Was man bisher immerhin weiß: Sie schaden nicht. Und eine messbare positive Auswirkung auf den User und sein Befinden gibt es auch – zumindest im Minimalbereich.

Meditation an sich ist natürlich etwas Großartiges. Es gibt aber genügend Gründe, warum Meditationsmeister es als einen langen Weg beschreiben, bis sie beim völligen Zen angelangt sind. Das also von einer App bei der täglichen U-Bahnfahrt oder in der Schlange bei Edeka zu erwarten, ist etwas optimistisch. Aber sicherlich kann eine App dieser Art helfen, sich auf den Weg einzulassen. Was allerdings völliger Quatsch ist: Meditation als sicheres Heilmittel gegen Liebeskummer zu propagieren. Und natürlich haben sich findige Marketing-Leute schon „Anti-Liebeskummer-Mediationen" ausgedacht. Wenn du nicht zufällig eh mit Mediation vertraut bist, werden dir die kaum helfen. Im Gegenteil, der Frust, nicht mal mit einer Meditation (mit oder ohne App) aus diesem Wahnsinn raustauchen zu können, wird immens sein. Zumal eine gute Meditation zu mehr Bewusstseinsschärfe führt und du Dinge noch härter wahrnehmen wirst als sowieso schon. Ergo: deine Gefühle. Wenn du dafür bereit bist, bitte schön. Ansonsten vielleicht erst mal Ball (und Smartphone) flach halten. Anstatt sich ständig nach innen zu richten, ist es eventuell smarter, dem Zorn freien Lauf zu lassen.

DATUM

Und so eine Meditations-App aktuell maximal als Einschlafhilfe zu verwenden. Da tut es übrigens auch ein Hörbuch. Am besten eines, das gar nichts mit Liebe zu tun hat. Oder Menschen. Oder Gefühlen. Vielleicht ein Alien-Splatter? Oder *Bayerns beste Knödelrezepte*?

BULLSHIT-BINGO

Kreuze an, welche Meditations-App-Phrasen zwar gut klingen, dir im Moment aber garantiert nicht weiterhelfen, geschweige denn umsetzbar sind:

„Sei ganz du selbst."	„Öffne dich deinen Gefühlen."	„Alle Menschen sind in ihrem Kern gut."
„Der Weg ist das Ziel."	„Konzentriere dich auf deine guten Gefühle."	„Schiebe ungute Gedanken einfach weg."
„Lass die Gedanken vorbeiziehen wie eine Wolke."	„Beruhige deinen Geist."	„Fokussiere dich auf den Moment."

41

TAG

Der Dramatiker und Autor Bertolt Brecht floh 1933 im Zuge der Machtergreifung der Nationalsozialisten wie viele andere deutsche Künstler vor und während des zweiten Weltkrieges ins Exil. Erst nach Finnland, später zu seinem Freund Lion Feuchtwanger nach Kalifornien. Die Literatur, die in dieser Zeit entstand, dreht sich viel um Isolation, Heimweh und sich fremd fühlen. Keiner von ihnen wusste, wann und ob er jemals wieder zurück in sein altes Zuhause kann. Die Zukunft war ungewiss und beängstigend, die Vergangenheit irritierend und verstörend. Brecht nannte diesen Lebensabschnitt „Inzwischenzeit".

Wahrscheinlich gibt es kein passenderes Wort für den Zustand, in dem du dich gerade befindest. Inzwischenzeit. Nicht mehr Teil eines Paares, aber auch noch nicht Single. Nirgends gehörst du so richtig dazu. Dabei ist das ja ein jahrtausendealter Wunsch des Menschen: irgendwo dazuzugehören. Dieses Gefühl kann einen verzweifeln lassen, keine Frage. Und jeder, der das abtut, ist ein empathieloses Arschloch. Punkt. Natürlich ist es furchteinflößend, nicht zu wissen, wie lange das noch dauern wird. Was sicher stimmt: nicht für immer. Da du das alles aber nur bedingt beeinflussen und absehen kannst, reicht es für den Moment, einfach nur anzuerkennen, dass du dich in dieser Inzwischenzeit befindest. Sie wird vorbeigehen. Der Krieg in deinem Kopf wird aufhören. Jetzt ist es erst mal an der Zeit, ein paar Vorbereitungen für die Aufräumarbeiten zu treffen.

DATUM

Welche der folgenden Dinge würdest du gern in Angriff nehmen, sobald sich der Staub gelegt hat?

- ◯ Eine neue Wohnung suchen
- ◯ Eine Reise an einen besonderen Ort machen (welchen? ....)
- ◯ Haare schneiden (Klischee, egal)
- ◯ Eine neue Sprache lernen
- ◯ Einen Workshop besuchen (zum Beispiel Nackt-Töpfern, Insekten-Präparation etc.)
- ◯ Auf ein Konzert gehen
- ◯ Mehr Bücher lesen
- ◯ Sport machen
- ◯ Ein Tattoo stechen lassen
- ◯ ....

42

TAG

Das amerikanische Online-Dating-Portal eharmony führt seit einigen Jahren regelmäßig eine Studie in den USA durch, deren Ergebnis es ganz modern und werbelukrativ den „Happiness Index" nennt. Interessant daran ist vor allem, dass die Studie nicht heteronormativ ist, sondern auch die LGBTQ-Community miteinschließt und bei der Auswertung in verschiedene Altersgruppen differenziert wie Millennials und Generation Z.

Befragt wurden im Jahr 2019 über 2.000 Teilnehmer, alle in einer festen Beziehung. Die Verantwortlichen wollen herausfinden, was eine gute Beziehung ausmacht. Ein wichtiger Faktor ist den Ergebnissen zufolge, dass beide Partner ähnliche Interessen haben. Gemeint sind damit Wertvorstellungen und Lebensentwürfe. Das wird allerdings gern verwechselt mit gemeinsamen Hobbys. Ein für alle Mal: Gemeinsame Hobbys sind nicht der Schlüssel zum Beziehungsglück. Viel wichtiger ist es, etwas zu haben, für das man brennt, um dem anderen von dieser Leidenschaft erzählen zu können. Aber wenn das Restleben im Alltag zuschlägt, vergessen viele, dass es eigentlich etwas gibt, das sie gerne tun. Manch einer gibt deshalb sein Hobby (Counterstrike zocken, Zwergkaninchen-Vasen sammeln, alle Rheinbrücken mit dem Fahrrad abfahren) dann zugunsten der gemeinsamen Zeit mit dem Partner auf.

Falsch! Ganz falsch!

Hoppla, schon passiert.

Ein weit verbreitetes Phänomen. Fürs nächste Mal kann man sich ja einen imaginären Knoten in ein imaginäres Taschentuch machen, um nicht zu vergessen: Wegen Tom bitte nicht damit aufhören, einzelne Schnürschuhe aus dem Fin de Siècle zu sammeln! Ist scheiße für mich und deshalb scheiße für die Beziehung.

DATUM

Welches Hobby hast du während deiner letzten Beziehung aufgegeben?

Fand dein Ex-Freund dieses Hobby blöd?

Hatte er ein Interesse, das dich gelangweilt hat?

Wenn ja, welches?

Habt ihr gemeinsam das Hobby des jeweils anderen ausprobiert?

War schnell klar, dass du oder er nichts damit anfangen konntet?

Würdest du gerne wieder damit beginnen (oder weitermachen)?

Gibt es einen wirklich guten Grund, diese Leidenschaft nicht weiterzuverfolgen?

43

TAG

In einer Beziehung fallen ganz schön viele Dinge und Sachen an, die man sich vom anderen leiht, bei ihm deponiert, geschenkt bekommt oder selbst schenkt. Da ist dieses Armband, das er aus dem Urlaub mitgebracht hat. Im Bad steht immer noch das Duschgel, das er sich mal gekauft hat, weil er morgens bei der Arbeit doch nicht nach Pfirsichblüten riechen wollte (obwohl er dafür von einer Kollegin ein Kompliment bekommen hat. Filed under: offenbar nicht in seiner Männlichkeit gefestigt). In deinem Schrank liegt der graue Hoodie, den du dir vor Ewigkeiten geliehen hast, weil du im Platzregen auf dem Fahrrad nass bis auf die Haut geworden bist. (Danach hattet ihr Sex. Natürlich.)

Du merkst schon: Die Sachen werden im Kopf nach Erinnerungen sortiert.

Erinnerungen tun im Moment noch zu sehr weh, deshalb müssen sie radikal aus den Augen und damit aus dem Sinn geschafft werden. Mach zwei Kisten: eine für Dinge, die dich an ihn erinnern, die du aber behalten willst. Und eine für all den Kram, den du ihm zurückgeben möchtest. Und dann quäle dich bitte nicht mit der Vorstellung, wie das wohl sein wird, wenn du ihm theatralisch diese Kiste persönlich überreichst (an einem kalten Tag, bei Blitz und Donner). Was wird wohl passieren, wenn ihr euch seht? Spoiler: Es wird dich aufwühlen, du wirst Gefühle haben, es wird anstrengend.

Ziemlich wahrscheinlich bist du noch nicht bereit für diese Anstrengung. Und es ist ein moderner, altruistischer Mythos, dass es anständiger ist, persönlich Schluss zu machen, persönlich Dinge zu übergeben, persönlich letzte Formalitäten zu klären. Das ist eine ganz perverse Form von Voyeurismus verpackt in ein pseudomoralisches Korsett. Man will sich selbst dabei zusehen, wie man erwachsen etwas tut, weil „es sich so gehört". Tatsächlich ist es aber manchmal für alle Beteiligten besser, Organisatorisches per E-Mail oder Textnachricht abzustimmen.

DATUM

Und für die zurückgelassenen Sachen des Ex-Freunds existiert die Post. So viel Kleingeld hat man immer übrig. (Für Paare, die zusammenleben oder gelebt haben, gibt es natürlich eine Zwischenstufe. Hier gehen wir davon aus, dass man schon räumlich getrennt ist.) Und wenn er zu geizig ist, dir dein Zeug in den Briefkasten zu stecken, dann biete ihm an, das Porto mit PayPal zu übernehmen. Mit dem Hinweis: Go fuck yourself.

Dinge, die du ihm zurückgeben willst:

Dinge, die du behalten willst:

44

TAG

Die Stadt ist ein Minenfeld. Überall hängen diese Erinnerungen in den Straßen – an gute und schlechte Momente eurer gemeinsamen Zeit. Der Bäcker, bei dem ihr regelmäßig warme Croissants gekauft habt. Die Tankstelle, vor der ihr ewig mit einem Dosenbier in der Hand in einer lauen Sommernacht gequatscht habt. Der Club, in dem eure Lieblingsmusik läuft und auf dessen Toilette er sich mal die Seele aus dem Leib gekotzt hat. Die Parkbank, auf der ihr euch zum ersten Mal geküsst habt. Der Supermarkt, vor dem ihr wegen einer vergessenen Packung Milch so sehr gestritten habt, dass Mütter ihre fassungslosen Kinder schnell an der Hand weitergezogen haben. Der Parkplatz, auf dem du so laut die Autotür vor überschäumender Wut zugeknallt hast, dass du kurz dachtest: „Scheiße, jetzt ist die Scheibe kaputt." Das Café, in dem er dir gebeichtet hat, dass er dich nicht mehr liebt.

Wo soll man hingehen, wenn einem die Erinnerungen doch dauernd folgen? Viel mehr noch mit all ihrer Niederträchtigkeit dir pausenlos ins Gesicht springen? Kurz: woandershin. Das kann man jetzt groß und klein denken. Wichtig ist in jedem Fall, Distanz zwischen sich und die Dinge zu bringen. Du kannst damit beginnen, einen anderen Weg zur Arbeit zu nehmen, deine Croissants in einem anderen Stadtteil und Bier konsequent nur noch im russengeführten Supermarkt drei Straßen weiter zu kaufen. Nimm da auch gleich guten Wodka mit.

Du kannst natürlich auch verreisen. Wahrscheinlich geht das aber nur für ein paar Tage oder Wochen, außer, du hast zufällig gestern im Lotto gewonnen. Kann ja sein. Wir wollen mal nichts ausschließen. Wichtig ist nur, dass du dich diesen visuell getriggerten Erinnerungen nicht proaktiv und damit masochistisch aussetzt.

DATUM

Das ist nicht so einfach, aber möglich. Denn was Erinnerungen mit dir machen, weißt du noch von unserem Freund Guy Winch bei Tag 2 (Reminder: Drogenentzug, Methadon, ungesund). Versuche es erst mal mit der kleinen Lösung: bestimmte Orte meiden.

Welche 5 Orte sind ein Garant für einen erinnerungsbedingten Gefühlsschock?

Geh nach Möglichkeit nicht hin. Für mindestens einen Monat.

45

TAG

Oft gibt es in einer Beziehung eine Sache, die einen so richtig rasend macht. Etwas, das der andere immer wieder verkackt und dabei überhaupt nicht sieht, wie sehr es einen trifft. Ein allseits beliebtes Beispiel: Pünktlichkeit. (Hier kannst du natürlich auch jedes andere Thema blanko einsetzen, die Konsequenzen sind ähnlich.) Ihr habt etwas ausgemacht, du bist schon da, er schreibt: „Komme 15 Minuten später." Du denkst dir: Immerhin sagt er Bescheid. Aber in Wahrheit pisst es dich phänomenal an. Erstens, weil aus 15 Minuten bei ihm meist mindestens 30 werden. Und zweitens, weil zu spät kommen, Termine verbaseln oder kurz vorher absagen in deiner Welt vor allem bedeuten, dass er keinen Respekt vor deiner Zeit hat. Das lässt man ein paarmal durchgehen, aber dann nagt es an der eigenen Souveränität. Warum lässt du dir das gefallen, fragst du dich? Denn auch deine Zeit ist kostbar und wertvoll. Warum ist ihm das egal?

Nun, ihn wirst du nicht ändern. Das ist auch nicht deine Aufgabe. Es stellt sich vielmehr die Frage, was macht das nach eurer Beziehung mit dir? Bist du mittlerweile empfindlicher, wenn dich Freunde oder Familie versetzen oder warten lassen? Gut möglich. Und reagierst du dann vielleicht unverhältnismäßig wütend? Nicht besonders überraschend.

Wer ständig mit einem Thema getriggert wird, kocht innerlich natürlich ununterbrochen auf kleiner Flamme. Und der Ärger, den du dann wahrscheinlich eher an anderen auslässt, gilt eigentlich in großen Teilen deinem Ex. Wenn dir das schon mal klar ist, bist du einen Schritt weiter. Das Gute an Freunden und Familie ist ja, dass man denen ordentlich vor den Karren fahren kann, ohne dass sie sofort beleidigt wegrennen. Und ihnen kann man in einem ruhigen Moment auch erklären: „Sorry, ich bin hier vielleicht gerade etwas sehr sensibel. Bitte nehmt Rücksicht."

DATUM

Das kostet erst Überwindung, dann gewöhnt man sich an das Verbalisieren von Wünschen. Je öfter man das sagt, desto leichter fällt es einem mit der Zeit. Die Wut nimmt übrigens parallel dazu ab. Ganz weg geht sie nie. Soll sie auch nicht. Denn die Zeit und Planung anderer Menschen nicht zu respektieren, ist nicht okay. Weder heute noch in drei Jahren.

Welches wiederkehrende Thema hat dich besonders genervt?

Lässt du das heute Freunde und Familie spüren?

Wann gab es deshalb zuletzt einen Eklat und mit wem?

Wie sauer wirst du, wenn dieses Thema in einem anderen Kontext aufpoppt?

46

TAG

Ein Gefühl, mit dem bei Liebeskummer nun wirklich keiner rechnet, ist Langeweile. Da explodiert das ganze Leben um einen herum, Pläne, Wünsche und Ziele werden unwiederbringlich weggefegt, es knallt und blitzt und donnert. Und dir ist langweilig.

Wie zur Hölle kann das sein?

Die Psychologen Erin Westgate und Timothy Wilson von der University of Virginia haben sich der Langweile in mehreren Studien aus verschiedenen Richtungen genähert. Dabei konnten sie eindeutig belegen: Wir langweilen uns nicht nur, wenn wir unter-, sondern auch wenn wir überfordert sind. Bei akutem Gefühlswahnsinn ist man definitiv überfordert. Kombiniert mit den Lücken im Alltag, die ein Ex-Partner hinterlässt, ist das eine perfide Mischung.

Vor ein paar Wochen hast du mit ihm um diese Zeit noch auf der Couch gesessen und ihr habt über die inhaltlichen Fehler von *Game of Thrones* diskutiert. Jetzt sitzt du da allein, starrst an die Decke und fragst dich, wo eigentlich dieses Loch neben der Lampe herkommt. Normalerweise würdest du jetzt mit ihm und einem Wegbier in eure Lieblingsbar spazieren. Stattdessen wartest du allein an einer Haltestelle auf den Bus nach Hause. Da tobt also auf der einen Seite das kaputte Herz in dir und lässt dich über nichts anderes nachdenken. Auf der anderen Seite wogt eine gefährliche Welle aus Stumpfheit und Ödnis.

Westgate und Wilson erklären, warum uns dieses Zusammenspiel so fertig macht: Langeweile ist ähnlich wie körperlicher Schmerz ein Symptom dafür, dass etwas nicht ganz in Ordnung ist. Sie empfehlen, den Blickwinkel zu ändern. Sich also zum Beispiel darüber zu freuen, mehr Zeit für sich zu haben. Anschauen zu können, was man möchte (ohne Diskussion). Froh zu sein, früh ins Bett zu kommen und am nächsten Tag ohne Kater aufzuwachen.

DATUM

Nun ja, an manchen Tagen wird dir das gelingen. An anderen nicht. Es geht hier vielmehr darum, dass du dich nicht über die Langeweile wunderst. Sie ist ein klassischer Nebeneffekt.

In welchen Situationen ist dir langweilig?

- ◯ Bei Meetings im Büro
- ◯ In öffentlichen Verkehrsmitteln
- ◯ In größeren Gruppen
- ◯ Sonntags
- ◯ Beim Essen
- ◯ Im Auto
- ◯ ....
- ◯ ....
- ◯ ....

47

TAG

Die ADHS-Forschung hat einen interessanten Begriff geprägt, über den sich Forscher bis heute streiten, weil es so schwierig ist, zuverlässige Daten zu erheben: Hyperfokus. Gemeint ist damit, die gesamte Konzentration auf eine Sache zu richten und dabei so in einen Flow zu geraten, dass man alles um sich herum vergisst. Menschen mit Aufmerksamkeitsdefizit-/Hyperaktivitätssyndrom (ADHS), fällt es oft schwer, bei der Sache zu bleiben. Sie verzetteln sich, fangen viel an, bringen wenig zu Ende. Das Leben und den Alltag damit zu meistern, ist dementsprechend schwierig. So lose ihre Konzentrationsenden jedoch oft in der Luft herumbaumeln, so eng knüpfen sie meist ein Konzentrationsseil bei einer einzigen, speziellen Beschäftigung. Es ist also wenig überraschend, dass nicht selten Künstler, Kreative und Hochbegabte unter diesem Syndrom leiden. Fälschlicherweise wird dann von der Umwelt oft despektierlich bewertet: „Na, wenn der oder die will, kann er oder sie doch."

Ja, haha, wenn es so einfach wäre. Ist es nämlich nicht.

Was hat das mit Liebeskummer zu tun? Menschen mit gebrochenem Herzen verhalten sich in der akuten Kummerphase oft sehr ähnlich wie ADHS-Patienten. Um dieses irre, weiße Rauschen um sie herum abzustellen, kann auch eine Hyperfokussierung helfen. Eine Sache, die ungeteilte Aufmerksamkeit erfordert. Handwerkliche Dinge eignen sich da ganz gut: ein Regal aufbauen, Wände streichen, Kissen mit Hassbotschaften besticken, krumme Gartenzwerge töpfern, alle Küchenschranktüren abschleifen und neu lackieren, den Eiffelturm aus Streichhölzern nachbauen. Die Liste ist schier unendlich. Und so albern es jetzt klingen mag, probier es aus. Was hast du zu verlieren?

DATUM

Was kann dich so richtig in seinen Bann ziehen?

Wann könntest du dir dafür Zeit nehmen?

48

TAG

Die Schuldfrage. Ein ganz zentrales Element bei jeder Trennung. Wer hat wie viel Schuld daran, dass die Beziehung gescheitert ist? Wahrscheinlich variiert diese Antwort bei dir je nach Tagesform. Am einen Tag ist es ganz klar er, weil er dies und jenes nicht oder gerade doch getan hat. An anderen bist du es. Aus selbigen oder anderen Gründen und Nicht-Gründen. Die Schuldfrage bei einer Trennung ist ein so wichtiger Dreh- und Angelpunkt, dass die Terminologie bis weit in die siebziger Jahre sogar fest im deutschen Gesetz verankert war. Man nannte es das „Verschuldungsprinzip" – gemeint war damit, dass eine Ehe nur dann geschieden werden konnte, wenn einer der beiden Ehepartner sich eines Vergehens schuldig gemacht hatte (Ehebruch etc.). Ein einfaches, aber alles erschütterndes „Ich liebe dich nicht mehr" reichte dazu nicht aus.

Diese Erwartungshaltung an eine Ehe zementierte den Fundamentsanspruch, dass eine Beziehung (schon allein aus wirtschaftlichen und religiösen Zwecken) für immer zu halten hatte. 1977 reformierte man dieses Gesetz und sprach von nun an vom „Zerrüttungsprinzip". Ab dann war eine Scheidung aufgrund von unüberbrückbaren Differenzen möglich.

Es dauerte jedoch noch viele Jahre, bis Frauen finanziell so unabhängig waren, dass sie es sich überhaupt leisten konnten, sich zu trennen. Vielen ist das heute noch nicht vergönnt, weil sie ohne ein zweites Einkommen weder die Miete bezahlen noch die Kinder ernähren können. Aber wenn jemand fragt, warum die Scheidungsraten kontinuierlich steigen: Die wachsende finanzielle Unabhängigkeit der Frauen ist ein Grund dafür. Sie müssen theoretisch dank der Geschlechterdemokratie nicht mehr jeden Shit bis an ihr Lebensende ertragen. Auch keine dysfunktionale Ehe. Solange genug eigenes Geld da ist.

DATUM

Was das mit deiner aktuellen Situation zu tun hat? Auch wenn du nicht verheiratet bist, ist es immer noch eine gesellschaftliche und damit angelernte Konstante, dass einer am Scheitern der Beziehung schuld sein muss. Das ist Quatsch, das weißt du spätestens seit Tag 38. Es hat einfach nicht gepasst. Ihr seid beide verletzt. Wahrscheinlich in unterschiedlicher Hinsicht, aber eben verletzt. Selbst wenn es ein bestimmtes Ereignis gab wie einen Betrug, heißt das nicht, dass die Schuld bei demjenigen liegt, der betrogen hat. (Natürlich auch nicht bei demjenigen der betrogen wurde. Himmel, nein!). Offenbar war mindestens einer nicht glücklich genug, um diese Beziehung zu pflegen.

Ist scheiße. Fraglos. Aber von Schuld zu sprechen, bringt keinen weiter.

BUCHTIPP

Wenn du dich mehr für den rechtlichen Teil einer Trennung interessierst, weil du verheiratet bist, gemeinsames Eigentum wie eine Wohnung oder ein Haus existiert oder Kinder von dieser Trennung betroffen sind, lies das Buch *Glücklich getrennt* der Rechtsanwältin und Paartherapeutin Nadja von Saldern. Der Titel mag etwas euphemistisch erscheinen, aber inhaltlich klamüsert die Autorin sehr verständlich auseinander, was rechtlich und dadurch auch emotional zu beachten ist, um die Kollateralschäden möglichst gering zu halten.

49

TAG

Wenn es einmal ausgesprochen ist, wird es wahr. So ähnlich fühlt sich wahrscheinlich der Gedanke an, anderen Menschen mitzuteilen, dass ihr getrennt seid. Solange man in seiner Informationspolitik schön rigide nur den engsten Kreis mit Updates versorgt oder gar keinen, ist irgendwie noch alles offen. Immerhin möchte ja auch keiner unnötig die Pferde scheu machen. Wie peinlich wäre das denn, man würde überall rumerzählen, man sei Single und zack, plötzlich ist man wieder ein Paar. Da nähme einen ja keiner mehr ernst in Zukunft. Das ist wie diese Parabel von dem Hirtenjungen, der immer wieder Alarm schlägt, dass der Wolf die Schafe holen kommt, nur um sich wichtig zu machen. Und als der Wolf dann tatsächlich auftaucht, hat keiner mehr Bock auf sein Geheule. So willst du nicht sein. Dann mal lieber weiter unterm Bekenntnis-Radar fliegen.

Solche und ähnliche Gedankenausfahrten sorgen dafür, dass man sich einfach weiter der Tatsache verweigert, dass ein Lebensabschnitt vorbei ist. Und manchmal fällt es einem sogar leichter, losen Bekannten oder Kollegen zu stecken, dass man getrennt ist als zum Beispiel den eigenen Eltern. Schließlich fühlt man sich ja auch für die emotional verantwortlich. Und am Ende empfinden die sich auch als gescheitert, weil ihr Kind vermeintlich gescheitert ist, und … und … und.

Je länger du die Bekanntmachung der Trennung herauszögerst, desto schwieriger wird es. Denn irgendwann ist der Punkt erreicht, an dem das eine Gedankenkarussell durch ein anderes abgelöst wird. Dann murmelt die Stimme in deinem Kopf verschwörerisch: „Also, jetzt kann ich das irgendwie auch nicht mehr sagen. Was denken die anderen denn, warum ich ihnen das so lange verheimlicht habe?"

From one shit to the other.

DATUM

Du musst ja keine große Pressekonferenz einberufen, aber frag dich doch mal, wie du dich fühlen würdest, wenn dir so eine Information von engsten Freunden oder Familienmitgliedern über einen langen Zeitraum vorenthalten werden würde. Im Zweifelsfall wollen die nur helfen. Und gescheitert ist hier keiner: weder du noch sie.

Wem aus deinem engsten Freundes- und Familienkreis hast du es noch nicht gesagt?

Warum?

Wenn du es morgen einer einzigen Person sagen müsstest, welche wäre es?

50

TAG

Wie man seinen Arbeitgeber so richtig glücklich macht? Indem man völlig angepisst zur Arbeit geht. Sollte dir ja gerade nicht besonders schwerfallen.

Irritiert?

Nun, hier kommt die Erklärung: Der Organisationspsychologe Dirk Lindebaum untersuchte vor ein paar Jahren den Zusammenhang zwischen Wut und Produktivität am Arbeitsplatz. Erstaunlicherweise waren wütende Arbeitnehmer oft kurzzeitig produktiver als glückliche: „Neid, Scham, Schuldgefühle. Das sind alles negative Emotionen, die sozial sehr positiv wirken können."

Dein Liebeskummer tut also etwas für die Wirtschaft deines Landes. Glückwunsch! Das klingt natürlich in Anbetracht der Umstände ziemlich zynisch. Ist es auch. Und nein, man muss sich nicht das Herz brechen lassen, um seine Karriere voranzutreiben. Dieses Forschungsergebnis soll lediglich deinen Blickwinkel auf die aktuelle Situation verändern.

Es gibt sicher Tage, da ist der Job quälend wie ein Besuch auf einem deutschen Amt: viel Gewarte, viel Gestarre, viel sich an einen anderen Ort wünschen – und hundertprozentig sitzt jemand neben dir, der wahlweise laut YouTube-Videos von K-Pop-Bands ansieht oder seit Stunden in sein Handy quatscht. Aber eventuell kannst du deine Wut, deinen Zorn und diese fulminante Enttäuschung auch auf ein aktuelles Projekt kanalisieren. Das ist ebenfalls eine Form von Hyperfokus, wie er an Tag 47 beschrieben wurde. Aber eine, die dir vielleicht wirklich langfristig ein paar Karrieretüren öffnet oder dir schlicht mehr Geld auf deinem Konto beschert. Naja, und die nationale Wirtschaft dankt es dir natürlich auch.

DATUM

Welches Projekt eignet sich, um richtig viel Energie zu investieren?

Was musst du dafür tun?

- ○ Abends länger arbeiten
- ○ Morgens früher kommen
- ○ Öfter das Wort ergreifen
- ○ Beim Vorgesetzten explizit erwähnen, dass du stärker involviert werden möchtest
- ○ Andere langweilige Projekte loswerden, weil sie Zeit rauben
- ○ Dich mit Kollegen arrangieren, die du eigentlich nicht besonders magst
- ○ Einen persönlichen Zeitplan aufstellen, um besser vorbereitet zu sein
- ○ Kollegen sagen, dass du mehr Verantwortung übernehmen willst

Warum Frauen und Männer nach einer Trennung unterschiedlich konsumieren

Seelenlose Büroräume mit trist-neutralen Konferenztischen und hässlichen, aber äußerst teuren Drehstühlen vereint aktuell vor allem eins: Marketing-Mitarbeiter, die sich einig sind: „Frauen sind das neue China." Hier ist echt noch was zu holen. Zumal 80 Prozent aller schnellen Konsumgüter von Frauen gekauft werden, wie man mittlerweile weiß. Und wie kriegt man Frauen am besten werbetechnisch auf seine Seite? Klaro: mit ihrem Aussehen. An das wird schließlich bis heute ein ganz anderer Anspruch gelegt als an das der Männer.

Liebeskummergeplagte sind da eine äußerst lukrative Zielgruppe. Ganz nach dem Motto: Wenn du dich von innen hässlich fühlst, mach dich wenigstens von außen schön. Der Maßstab für „schön" sind natürlich all die straffen, lebensbejahend lachenden Hadids und Bündchens der Modelwelt. Das Versprechen: Du kannst so sein wie wir, du brauchst nur die richtigen Klamotten, die richtige Frisur und die richtigen Accessoires dafür. Das Zauberwort, das Frauenmagazine im letzten Jahrhundert dafür erfunden haben, heißt „Typveränderung". Na, macht's klingeling?

Dieses Wunschklischee ist so verfestigt, dass es mittlerweile sogar Eingang in repräsentative Studien findet. Das Onlinedating-Portal ElitePartner erhebt jährlich Zahlen zum Beziehungsverhalten der Deutschen in all seinen Facetten. 20 Prozent der befragten Frauen bestätigten 2019, dass eine Typveränderung in Hinblick auf Kleidung, Frisur etc. ein klassisches Verhalten sei, mit dem sie Liebeskummer bewältigen wollen. Das ist jede fünfte Frau. Das sind also ziemlich viele. Nun stellt sich natürlich die Frage, ob das in der weiblichen Natur liegt oder angelernt ist. Denn nur 5 Prozent der befragten Männer halten eine Typveränderung für hilfreich, wenn ihnen jemand das Herz püriert hat.

Vorweg: Dass Frauen interessierter am Shoppen von Kleidung und anderem „Kram" sind, hat tatsächlich etwas mit der Emanzipation zu tun, bestätigte die Psychologin Polly Young-Eisendrath. Noch weit bevor Frauen in den USA wählen durften, ermöglichten ihnen große Kaufhäuser wie Macy's, sich zwischen etwas entscheiden zu dürfen: Konsumgütern, insbesondere Mode. Nein, das ist kein Witz. Dass Frauen lieber shoppen als Männer, liegt tatsächlich daran, dass ihnen nicht erlaubt war, politischen Einfluss zu nehmen, bestätigt die Wissenschaft. Bis heute geben Frauen laut einer aktuellen Greenpeace-Studie beim Einkaufen mehr Geld aus als Männer. Zudem haben sie danach öfter ein schlechtes Gewissen. Besonders wenn Frauen gestresst sind oder Angst haben, ziehen sie los in die Kaufhäuser der Innenstädte (oder beladen fröhlich ihren Online-Warenkorb), belegt eine umfassende Studie kanadischer Forscher. Shopping lenkt ihnen zufolge von Grübeleien ab, zumal man sich dadurch hauptsächlich mit seinem Äußeren beschäftigt und eben endlich mal nicht mit dem Inneren. Das ist schließlich im Liebeskummer welk und öd und grauenvoll und gefühlt für immer verwüstet.

Konsum erzeugt also ein High nach all den Lows. Blöderweise hält dieses High wesentlich kürzer an, als man sich erhofft. Im Schnitt nämlich weniger als 24 Stunden. Auch das haben die Greenpeace-Forscher gemessen. Kritisch wird es, wenn man versucht, das High ständig zu wiederholen und irgendwann ein wirkliches Shopping-Suchtproblem entwickelt. Forscher glauben übrigens, dass wesentlich mehr Frauen kaufsüchtig sind als Männer, insgesamt sind ungefähr 5 Prozent der Deutschen betroffen. Tendenz steigend. Kaufsucht gehört zu den sogenannten substanzungebundenen Abhängigkeiten, ist aber nicht minder gefährlich.

In diesem Sinne: eine neue Frisur, ein neues Kleid, ein absurd teures Kosmetik-Produkt, alles voll okay. Solange dir klar ist, dass es sich um ein Pflaster handelt. Die Wunde braucht genau so viel Zeit zum Heilen wie ohne. Aber es kommt vielleicht ein bisschen weniger Dreck rein und die Narbe wird am Ende schöner.

51

TAG

Wie schön das wäre, wenn man so ein Set Karten hätte, mit dem man seine Bedürfnisse zum Ausdruck bringen könnte. Dann würde man als Antwort auf die Frage, was man jetzt gerade braucht, einfach die entsprechende Karte hochhalten: Pizza, Schnaps, Umarmung, Hilfe bei der Steuererklärung. Das würde es auch Freunden und Familie erleichtern, einem zu helfen.

Problem Nr. 1: Ein solches Karten-Set gibt es noch nicht.
Problem Nr. 2: Meistens weiß man selbst gar nicht, was man braucht.

So oder so, mit einem gebrochenen Herzen fällt es oft schwer zu formulieren, was einem guttun würde. Formulieren an sich ist ja schon schwierig, egal was. An manchen Tagen stellt das Aussprechen des eigenen Vornamens ja bereits eine Herausforderung dar. Vielen hilft es, einfach nur zu wissen, dass jemand da wäre, wenn man ihn braucht. Deshalb ist es für das eigene und das Seelenwohl derer, die sich Sorgen machen, ziemlich entlastend, wenn der Betroffene einmal ausspricht: „Pass auf, mir geht es gerade so mittel. Wenn ich mich nicht bei dir melde, hat das nichts mit dir zu tun. Aber ich freue mich, dass du nicht aufgibst und dich immer wieder nach mir erkundigst. Bitte hör nicht auf." Gut, das ist jetzt sehr ausführlich und höflich formuliert, bei engen Freunden reicht wahrscheinlich auch: „Sorry, bin gerade blöd im Kopf, hat nix mit dir zu tun."

DATUM

Was brauchst du gerade?

Was brauchst du nicht?

52

TAG

Ein wunderbares Gedankenfahrgeschäft mit extra vielen Loopings ist die Vorstellung, dass alles, was der Ex gerade tut, wahnsinnig viel Spaß macht. Anhand von ein paar wenigen Informationen, die man über Social Media oder Bekannte mitbekommt, schraubt man sich dann richtig schöne bunte Wagen mit greller Leuchtschrift zusammen und lässt sie im Kopf so schnell vorbeiflitzen, bis man fast kotzen muss: Bestimmt sitzt er gerade lachend mit seinen Kumpels in einer Bar. Um ihn herum sind natürlich Dutzende sehr schlaue und spannende Frauen. Außerdem plant er einen aufregenden Urlaub in ein exotisches Land. Und jeden Abend fällt er vom Job erfüllt mit einem Lächeln auf den Lippen wohlig erschöpft in sein frisch bezogenes Bett. Na, hast du noch genug Kleingeld für eine weitere Runde?

Die Wahrheit ist eventuell möglicherweise ganz sicher eine andere. Nämlich, dass auch er Scheißtage hat. Wegen dir, wegen der Arbeit, wegen des Restlebens, wegen der Welt. Aber obwohl alle Getrennten das objektiv wissen, glauben sie sturschädelig etwas anderes. Das nennt die Wissenschaft *Belief Perseverance*, frei übersetzt heißt das „Faktenresistenz". Wer sich intensiver mit dem Thema auseinandersetzen will, kann sich ruhig ein bisschen mit Impfgegnern, Aluhutträgern und Donald Trump beschäftigen.

In deinem Fall heißt das schlicht: Glaub nicht alles, was du denkst.

DATUM

BULLSHIT-BINGO

Kreuze an, was du dir schon alles ausfantasiert hast:

Er hat gerade Sex mit einer anderen.	Ihm macht das alles gar nichts aus.	Er hat längst neue Pläne.
Er denkt nie an mich.	Er ist verliebt.	Ihm fällt die Trennung total leicht.
Insgeheim will er zurück zu mir.	Er überlegt, wie er am besten zu mir Kontakt aufnimmt.	Das war alles nur ein Missverständnis.

All das weißt du nicht oder nicht mit Sicherheit. Es ist auch egal. Bevor du also etwas vermutest und dich mit der Grübelei in den Wahnsinn treibst oder ihm im schlimmsten Fall auch noch nachspionierst, mach lieber etwas für dich. Etwas Sinnvolles. Nutze dein außerordentliches Hirn, um den Weltfrieden zu retten, den Klimawandel zu stoppen, oder ganz schlicht: dein Leben schöner zu machen.

53

TAG

Kaum einer hat so viel und so detailliert zu der Art, wie wir in diesem Jahrzehnt lieben, recherchiert und ausgewertet wie die Soziologin Eva Illouz. Sie betrachtet in ihrer Forschung unser heutiges Beziehungsverhalten und vergleicht es mit dem vorangegangener Jahrhunderte. Ihre Erkenntnisse sind zuweilen nicht besonders aufbauend. Dass wir es schwerer haben denn je, glückliche Beziehungen zu führen, obwohl wir so frei sind wie nie, ist offensichtlich. Was uns und alle Liebenden der letzten Hunderte von Jahren allerdings eint, ist die Tatsache, dass die Liebe unser Selbstwertgefühl steigert. Und das unseres Partners. Illouz belegt das historisch und erklärt darüber hinaus, wie viel wichtiger uns diese Anerkennung in Zeiten von Instagram, Geschlechterdemokratie und frei zugänglicher Bildung in der westlichen Welt geworden ist. Kurz: Anerkennung ist heutzutage die bedeutendste Währung in einer Liebesbeziehung.

Und jetzt ist sie weg.

Die Fallhöhe, die durch unser modernes Leben aufgebaut wird, ist so enorm, dass der Aufprall nach einer Trennung ungefähr so aussieht wie eine Szene aus *American Psycho*. Wer den Film nicht gesehen hat: blutig. Sehr blutig. Natürlich tut das weh. Natürlich dauert es eine ganze Weile, bis man sich davon erholt hat. Und natürlich gibt es niemanden, der dieses Anerkennungsgefühl gleichermaßen liefern kann wie der Ex-Freund. Das heißt aber nicht, dass man ganz darauf verzichten muss. Es ist eher eine Frage des Ratings. Auch ein Vier-Sterne-Anerkennungslieferant kann den Tag erträglicher machen, wenn der mit fünf Sternen nicht verfügbar ist. Hat der Lieblingsasiate zu, sitzt du ja auch nicht hungernd zu Hause, sondern bestellst einfach woanders.

DATUM

Was hier natürlich nicht gemeint ist: neuen Typen aufreißen und dir erklären lassen, wie schön, schlau und toll du bist. Das kaufst du ihm im Moment ja eh nicht ab. Aber es gibt sicher durchaus andere Menschen, die dir in dem Maße Anerkennung zeigen können, dass du sie glauben und annehmen kannst.

Wo kannst du dir eine Portion Anerkennung abholen?

- ○ Familie
- ○ Freunde
- ○ Kollegen
- ○ Teammitglieder
- ○ ……………………………………

Welche Personen kannst du gezielt um Anerkennung bitten?

……………………………………

……………………………………

……………………………………

Übrigens: Es ist überhaupt nichts Verwerfliches dabei, offen zu formulieren, dass man sich Anerkennung wünscht. Und zwar mit der ganz simplen Frage: „Was kann ich deiner Meinung nach besonders gut?" Try it.

54

TAG

„Ja, klar geht's mir gut!" Standardantwort auf Standardfrage. Und zweifellos astrein gelogen. Nach einer Trennung ist der Hormonhaushalt völlig durcheinander. Was uns besonders fehlt, ist das Hormon Oxytocin, das vor allem dann in Aktion tritt, wenn wir körperliche Nähe bekommen. Deshalb wird es auch ganz rosarot das „Kuschelhormon" genannt. Es ist ein Neuropeptid aus der Gruppe der Proteohormone und wird zum Beispiel bei der Geburt eines Babys ausgeschüttet. Es fördert die Bindung zwischen Mutter und Kind, aber wurde auch bei Liebespartnern nachgewiesen und in direkten Zusammenhang mit einem Ruhe- und Vertrauensgefühl gebracht.

Es hilft also nichts, wenn wir uns selbst einreden oder anderen gegenüber tapfer behaupten, dass es uns gut geht. Der Hormonhaushalt lässt sich in diesem Fall nicht austricksen. Wie aber Oxytocin produzieren, wenn niemand da ist, der einem Nähe geben könnte? Oxytocin kann man tatsächlich kaufen, mehrere Studien haben aber gezeigt, dass die künstliche Zuführung mitunter starke und sehr unerfreuliche Nebenwirkungen haben kann. Außerdem stumpft man bei dauerhafter Einnahme ab, weil ein Gewöhnungseffekt eintritt. Deshalb: Finger weg!

Experten raten, dass man sich das Hormon auf natürliche Weise beschafft, indem man Körperkontakt sucht. Das können Umarmungen von Freunden sein, aber höchstwahrscheinlich auch eine Massage. So richtig gut belegt ist der Einfluss von Massagen auf die Oxytocin-Ausschüttung zwar nicht. Aber hey: Eine Massage ist jetzt auch nicht die schlechteste Idee in Sachen Selfcare.

Warum also nicht ausprobieren?

DATUM

Wann wurdest du zuletzt in den Arm genommen?

/ /

Von wem?

Bist du grundsätzlich jemand, der gerne Körperkontakt hat?	JA	NEIN
Umarmst du andere zur Begrüßung?	JA	NEIN
Brauchst du lange, bis du dich von einem Partner anfassen lässt?	JA	NEIN
Entspannt dich Hautkontakt?	JA	NEIN
Kannst du gut im Arm von jemand anderem einschlafen?	JA	NEIN
Fehlt dir körperliche Nähe?	JA	NEIN

55

TAG

Die Feministin Laurie Penny fragt in ihrem Buch *Bitch Doktrin* ganz direkt: „Wann wurde aus der Botschaft ‚Mädchen dürfen alles' das Dekret: ‚Mädchen müssen alles erledigen'?" In einem Kapitel beschäftigt sie sich sehr ausführlich mit den Erwartungen, die heutzutage an Frauen gestellt werden, und beleuchtet, ob Frauen in jungen Jahren ohne Mann nicht einfach besser dran wären. Resigniert stellt sie fest: „Ihr seht sie überall: erschöpfte junge Frauen, die mit ihrer gesamten überschüssigen Energie jungen Männern ihr Leben organisieren, ihnen Mut machen, sich um sie kümmern, Männern, die ihnen das übel nehmen, es ihnen aber noch mehr verübeln würden, wenn sie es nicht machten. Ihr seht sie für jedes Krümelchen Zuneigung kriechen, bis es kracht und alles in die Brüche geht und der Teufelskreislauf von vorne anfängt."

Nach einer Trennung gibt es einen Haufen Zeug zu organisieren. Das multipliziert sich, wenn man zusammengelebt hat oder es noch tut und möglicherweise auch noch Kinder da sind. Das alles auseinanderzudividieren, kostet Zeit und Nerven. Von beidem hat man nach einem Gefühls-Abfuck recht wenig bis gar nichts. Frauen übernehmen hier, wie seit Kindertagen brav eingeübt, meist auch die hauptsächliche Sorgearbeit. Koordinieren Umzüge, kaufen Kartons, beauftragen einen neuen Internetanbieter oder sagen gemeinsame Einladungen zu zukünftigen Partys ab.

Manches geht bestimmt schneller, wenn du es übernimmst. Dann mach das auch. Seelenheil sticht Prinzipienreiterei. Aber versuche trotzdem zu trennen, was dein und was sein Scheiß ist. Du kümmerst dich bitte schön nur um deinen Scheiß.

DATUM

Du bekommst nämlich weder eine Medaille noch einen Blumenstrauß, wenn du seinen Kram mitorganisierst. Alles, was dich nicht direkt betrifft, sollte genau das tun: dich nicht betreffen und bitte auch nicht betroffen machen. Sein Kram ist sein Problem.

Was musst du noch organisieren, damit es mit eurer Trennung vorangeht?

56

TAG

Gefühle sind keine Fakten. Gefühle sind keine Fakten. Gefühle sind keine Fakten … Wann immer in dir diese ganze Herzschmerzsuppe hochkocht, sag dir diesen Satz. Denn er beinhaltet kurz und knapp die gnadenlose Wahrheit, dass alles, was gerade in deinem Kopf vorgeht, nur ein Teil der Geschichte ist, aber nicht die ganze – und schon gar nicht Rückschlüsse auf die Realität zulässt.

Die Sache mit der Wahrheit ist die: Jeder hat eine andere. Weil jeder die Welt anders sieht, geprägt durch die Summe der persönlichen Erlebnisse und natürlich der damit verbundenen Empfindungen. Immanuel Kant hat sich damit ausführlich in seiner *Kritik der reinen Vernunft* auseinander gesetzt, besonders im Teil über „Transzendentale Ästhetik". So wie du die Dinge wahrscheinlich aktuell siehst (schwarz und durchweg negativ), müssen sie nicht sein. Aber deine Gefühle kanalisieren die Perspektive in diese Richtung.

Sich mit Kant zu beschäftigen, während einem die Synapsen vor lauter Leid verkohlen, ist vielleicht ein bisschen zu viel verlangt. Was du allerdings mitnehmen kannst: So wie es jetzt ist, wird es nicht für immer bleiben.

Um die Perspektive auf das Leben zu ändern, hilft es, neue Eindrücke zu sammeln. Und das kann alles sein. Manchmal reicht ein Spaziergang im Park (sagen Achtsamkeitstrainer) oder eine Reise in eine andere Stadt (sagen Reiseanbieter), oft aber schlicht ein Gespräch mit einem wohlwollenden Menschen (sagen alle Leute, denen mit einem Kampfpanzer übers Herz gefahren wurde).

DATUM

Wie fühlst du dich heute?

- ◯ Verbittert
- ◯ Ziellos
- ◯ Irritiert
- ◯ Verstört
- ◯ Verletzt
- ◯ Wütend
- ◯ Aufgewühlt
- ◯ Müde
- ◯ Zuversichtlich
- ◯ Ruhig
- ◯ Optimistisch
- ◯ Motiviert

57

TAG

Wahrscheinlich hast du dich schon gefragt, wann es in diesem Buch endlich um Sport gehen wird und ein passendes Augenrollen dafür eingeübt. Immerhin gehört Auspowern zu den Top Ten der allgemeinen Ratschläge in Sachen Liebeskummer-Kompensation. Nun, nur weil man von überall hört, dass das eine gute Strategie zur Bewältigung von Herzschmerz ist, heißt das noch lange nicht, dass man sich plötzlich für den New York City Marathon trainieren sieht.

Viel ehrlicher ist, sich einzugestehen, dass man für manche Dinge einfach keine Energie aufbringen kann, wenn sich das Universum gegen einen verschworen hat. Aber aus rein wissenschaftlicher Sicht muss an dieser Stelle gesagt werden: An dieser Kompensationsstrategie ist was dran.

Der Sportwissenschafter und Forschungsmethodiker Henning Budde hat mit seinem Team an der Medical School Hamburg eine Auswertung diverser Studien rund um das Thema Sport und dessen Effekt auf unsere mentale Gesundheit durchgeführt. Dazu griffen sie auf 39 Metaanalysen zurück, die ihrerseits fast 1.600 Erhebungen aus den letzten 23 Jahren mit insgesamt 142.000 Teilnehmern umfassten. Ihr Fazit: Sport hilft gegen Depressionen und Ängste. Bewegung lässt den Serotoninspiegel steigen und außerdem verbessert sie die noradrenerge Transmission im Gehirn.

Eine Anleitung, wie man den inneren Schweinehund vom Sofa oder aus dem Bett zerrt, geben sie natürlich nicht. Hier liegt also das Dilemma: Man weiß, dass es gut wäre, bei Nieselregen und Alltags-Abfuck trotzdem stoisch fünf Kilometer durch den Park zu kreisen. Aber da ist es halt nass, die Lunge wird brennen und der uralte rechte Sportschuh auch nach Jahren noch unten links an der Ferse reiben.

DATUM

Aber in Anbetracht der aktuellen und zurückliegenden Ereignisse darf man auch mal festhalten: Beschissener kann es nicht werden. Jeder Vorschlag zur Besserung der Gemütsverfassung sollte zumindest in Betracht gezogen werden. Und so ein Konterschmerz in der Lunge ist vielleicht gar nicht so schlecht, um den abartigen Schmerz im Herz zu überlagern.

Welche Sportarten könntest du ausprobieren?

- ○ Laufen
- ○ Schwimmen
- ○ Krafttraining
- ○ Yoga
- ○ Hockey
- ○ Fußball
- ○ Ballett
- ○ Volleyball
- ○ Handball
- ○ Klettern
- ○ ……………………
- ○ ……………………
- ○ ……………………

Wie groß ist dein innerer Schweinehund?

58

TAG

In den letzten Wochen hast du dich sicher oft morgens gefragt, ob du wirklich zur Arbeit gehen musst. Ob es nicht besser wäre, im Bett liegen zu bleiben, den ganzen Tag Serien zu schauen und mal vernünftig zu schlafen.

Das mit dem Schlafen ist natürlich Selbstbetrug. Nur weil man die Zeit hat, bedeutet das nicht, dass man sie zum Schlafen nutzt und das dann auch noch in seiner Konsequenz erholsam wäre. Halbwach an die Decke starren trifft es wohl eher. Aber versuchen kann man's ja mal.

16 Prozent aller befragten Deutschen gaben in der bereits erwähnten ElitePartner-Studie aus dem Jahr 2019 an, dass sie schon mal wegen Liebeskummer der Arbeit ferngeblieben sind. Das kostet deutsche Firmen jährlich 1,4 Milliarden Euro und generiert 6,6 Millionen Arbeitsunfähigkeitstage. Du bist also nicht allein. Bei Liebeskummer von einer Lappalie zu sprechen, ist demnach einfach Quatsch. Die Psychologin Lisa Fischbach stellt klar: „Der Begriff Liebeskummer verharmlost einen Zustand, der auf psychischer und körperlicher Ebene weitreichende Auswirkungen haben kann. [...] Tragische Ereignisse lösen nicht selten psychosomatische Symptome wie starke emotionale Schwankungen von tiefer Traurigkeit bis hin zu erhöhter Reizbarkeit, Schlaf- sowie Konzentrationsstörungen, Appetitverlust und Gewichtsabnahme aus. Aufgrund massiver Beeinträchtigungen fühlen sich viele arbeitsunfähig und sind es auch."

Hier kommt also die Unterstützung von Seiten der Wissenschaft. Wer ein gebrochenes Herz hat und sich arbeitsunfähig fühlt, sollte genauso zu Hause bleiben, wie jemand, der eine fette Erkältung mit sich rumschleppt. Krankheiten gehören auskuriert, Liebeskummer auch.

DATUM

Das heißt nicht, dass du wochenlang im Bett liegen sollst, aber du musst eben auch kein schlechtes Gewissen haben, wenn du an manchen Tagen einfach nicht die Kraft aufbringst, ins Büro zu gehen. Das ist okay.

An wie vielen Tagen pro Woche haderst du mit dir, ob du ins Büro gehen sollst?

Hast du dich bereits wegen Liebeskummer bei der Arbeit krankgemeldet? JA NEIN

Hatte das Konsequenzen? JA NEIN

Fühlst du dich schlecht deswegen? JA NEIN

Hast du das Gefühl, nicht richtig performen zu können? JA NEIN

Oder deine Kollegen hängen zu lassen? JA NEIN

Hast du eine Aufgabe aufgrund deiner Gefühlslage versaut? JA NEIN

Wissen deine Kollegen von deinem Herzschmerz? JA NEIN

59

TAG

Da kommt keiner mehr. Das wird ziemlich sicher die letzte Beziehung gewesen sein. Bei dem, was es da draußen gibt, ist bestimmt nichts mehr dabei, was auch nur annähernd zu einer vernünftigen Partnerschaft taugt. Das war's.

So oder so ähnlich klingt es, wenn sich diese ganz besondere, aber sehr diffuse Panik ausbreitet, dass man nie wieder so geliebt werden wird oder lieben kann wie in der gerade zerbrochenen Beziehung. Die Härte der gewählten Worte in den eigenen Gedanken ist nicht selten so brachial, niemals würde man mit einem anderen Menschen so sprechen.

Zur Beruhigung: Zahlen zum Beziehungsumsatz der Deutschen (ja, so lieblos formuliert das die Wissenschaft) sagen natürlich etwas anderes. Im Schnitt haben Männer und Frauen in ihrem Leben 3,4 ernstzunehmende Beziehungen. Das vorherrschende Beziehungsmodell der Deutschen ist serielle Monogamie. Das sogenannte AMEFI-Prinzip („Alles mit einem für immer") ist ein Alleinstellungsmerkmal der Generation 60+ geworden. Und auch da macht es langsam Klick, dass das nicht immer funktioniert. Je jünger die Befragten sind, desto mehr Partner hatten sie, dennoch ist „Partner-Hopping" selten. Nur 1,2 Prozent der Frauen sagen, dass sie 15 oder mehr ernste Beziehungen hatten. All diese Zahlen zeigen vor allem eins: Das war nicht der erste, aber sicher auch nicht der letzte Mann.

Wie ernstzunehmend diese letzte Beziehung überhaupt war, entscheidest sowieso nur du. Aber nur, weil ihr nicht vorhattet zu heiraten oder die Gefühlslage vielleicht zu einseitig war, heißt das im Umkehrschluss natürlich nicht, dass der Liebeskummer nicht wehtun darf.

DATUM

Man muss nicht bereits die Hochzeitsdekoration rausgesucht haben, um eine Legitimation für intensiven Herzschmerz zu haben. Auch von einer mehrwöchigen Affäre kann man tief verletzt und nachhaltig verstört sein. Traumata scheren sich nicht um die Dauer einer Beziehung.

Wie viele ernstzunehmende Beziehungen hattest du?

Welche Ex-Freunde würdest du dazuzählen?

Kam ein neuer Partner ums Eck, als du gar nicht (mehr) damit gerechnet hast?

JA NEIN

60

TAG

Ein Kollege hat zum wiederholten Mal seine Kaffeetasse in der Büroküche auf die Ablage über der Spülmaschine gestellt und nicht eingeräumt. Ist das so schwer? Ist der nicht fähig, die Klappe zu öffnen, das Spülfach herauszuziehen und die Tasse hineinzustellen? Ach, und jetzt steht der da auch noch rum und plaudert lustig mit einem anderen Kollegen? Geht's eigentlich noch? Noch ehe der Kollege ausatmen kann, wird er Ziel eines Wutanfalls mit patzigen Anschuldigungen und gemeiner Infragestellung seiner Intelligenz. Bumm.

Kommt dir das bekannt vor?

Natürlich ist es nervig, wenn jemand offenbar wahlweise zu faul oder respektlos ist, sein benutztes Geschirr wegzuräumen, aber ihn so zu attackieren, ist auch unverhältnismäßig. Wo kommt diese Wut her?

Die Anthropologin Helen Fisher forscht seit vielen Jahren intensiv zur Chemie der Liebe. Dass verschmähte Liebende ihre Wut auf Unbeteiligte richten, hält sie für eine funktionierende Kompensationsstrategie, die sich die Evolution ausgedacht hat. Die wichtigsten neuronalen Schaltkreise von Liebe und Hass sind untrennbar miteinander verbunden. Das Gegenteil von Liebe ist also neuronal gesehen nicht Gleichgültigkeit, sondern tatsächlich Hass. Was soll das bezwecken? Fisher ist nach verschiedenen Tests und Untersuchungen von Liebeskummergeplagten im Kernspintomographen überzeugt, dass sich diese Wut entwickelt hat, „um den enttäuschten Liebenden dazu anzutreiben, sich selbst aus einer ausweglosen Beziehung zu befreien, seine Wunden zu lecken und nach einer neuen Liebe und besseren Möglichkeiten Ausschau zu halten."

Dieser Zorn muss natürlich raus, sonst platzen wir und können schlicht mit unserem Leben nicht richtig weiter machen. Weil der Verursacher der Wut aber meist nicht zugegen ist, trifft es eben andere, wie du schon von Tag 27 weißt.

DATUM

Das soll kein Plädoyer oder Freifahrtsschein sein, ständig alle Menschen um uns herum anzumaulen und wahllos rumzukeifen. Seinem Ärger Luft zu machen, ist aber gesund. Gute Freunde und Familienmitglieder haben dafür übrigens Verständnis. Der spülmaschinenunfähige Kollege wahrscheinlich nicht. Sollte es dir also möglich sein, richte deine Wut auf Leute, die das aushalten können. Ist schwer, ja. Aber geht.

Wer wurde zuletzt versehentlich zur Zielscheibe deiner Wut?

Bei wem möchtest du dich dafür entschuldigen?

Wie könnte diese Entschuldigung aussehen?

Wer hätte es verdient, Ziel deiner Wut zu werden, obwohl er nichts mit deinem eigentlichen Problem zu tun hat?

61

TAG

Dass Männer und Frauen unterschiedlich mit Liebeskummer umgehen, wurde schon auf den Seiten 22 bis 23 behandelt. Zur Erinnerung: Männer verdrängen, Frauen analysieren. Die Sexualwissenschaftlerin Elaine Hatfield und der Psychologie-Historiker Richard L. Rapson haben sich immer wieder mit diesen unterschiedlichen Handlungsmustern beschäftigt. Ein klassisches Verhalten: Laut Hatfield und Rapson führen Frauen endlose Gespräche mit engen Vertrauten über den Ex-Partner, persönlich, am Telefon, mittlerweile auch intensiv per WhatsApp oder andere Messenger-Dienste. Das Problem: Wenn Frauen ununterbrochen über die Trennung kommunizieren, halten sie so das Gespenst der Beziehung am Leben und erneuern ständig ihr Trauma.

Die Anthropologin Helen Fisher sieht auch hier wieder einen biochemischen Zusammenhang. Dopamin, der Botenstoff, der auch fröhlich das „Glückshormon" genannt wird, sinkt in Phasen der Resignation. Kurzfristiger Stress aktiviert jedoch die Produktion von Dopamin und das wiederholte verbale Sezieren der Misere ist eben genau das: kurzfristiger Stress. Dieses ununterbrochene Triggern bringt den gesamten Hormonhaushalt außer Kontrolle und lässt uns letztlich abstumpfen und in uns zusammenfallen. Das Gehirn, sagt Fisher, ist „das zerbrechliche Wohnhaus der Liebe".

Für dich heißt das: Der Drang, sich immer wieder über das Geschehene unterhalten zu wollen, entspringt also nicht einem masochistischen Fetisch, sondern ist ein folterndes Zusammenspiel verschiedener biochemischer Vorgänge. Es von jetzt auf gleich abzubrechen, ist quasi unmöglich. Es braucht enorm viel Willenskraft, solche Gespräche zu vermeiden. Es wird weiterhin Tage geben, an denen das nicht klappt. Aber es wird auch solche geben, an denen du über dein Hirn siegst.

DATUM

Mit wem sprichst du bevorzugt über deinen Ex?

....

....

....

....

Tut dir das wirklich gut?

JA NEIN

Habt ihr auch andere gemeinsame Themen?

JA NEIN

EINE FAMILIENPACKUNG EIS? KEIN PROBLEM

Warum die meisten Stressesser weiblich sind

Es gibt diese berühmte Szene in *Bridget Jones – Schokolade zum Frühstück*, in der Renée Zellweger eingehüllt in eine Daunendecke völlig zerstört mit einem Becher Eiscreme in der Hand auf die Nachricht eines Mannes wartet. Der Film ist von 2001 und beschreibt Liebeskummer in all seinen klischeehaften Facetten. In vielem findet man sich wieder, bei einigem möchte man aber aus heutiger Sicht, nämlich fast zwanzig Jahre später, sagen: „Geht's eigentlich noch? Wie kann man sich von einem Mann so demütigen lassen?" Das Element des Stressessens ist allerdings kein Klischee, sondern Fakt. Laut Schätzungen tendiert ein Drittel der Deutschen zum *Emotional Eating*, also dem übermäßigen Essen in Stresssituationen, um sich besser zu fühlen. Die meisten davon sind Frauen.

Das hat einmal mehr seinen Ursprung in unserer Kindheit und der Art und Weise, wie Mädchen und Jungen unterschiedlich erzogen werden. Mädchen werden schon früh mit Essen getröstet, Jungs bekommen dagegen einen aufmunternden Knuff mit den Worten „Ach, ist doch nicht so schlimm". Beispiel: aufgeschlagenes Knie. Mädchen kriegen ein Stück Schokolade, Jungs sind Indianer und kennen keinen Schmerz. Die Konsequenz: Aus den Mädchen werden Frauen, die sich mit Essen Trost spenden, aus Jungs werden Männer, die ihre Gefühle runterschlucken und Trost als Schwäche empfinden. Herzlichen Glückwunsch.

Die Psychologin Katja Kröller hat ihre Dissertation über die „Mütterliche Steuerung in der Essenssituation" geschrieben. Anhand des Titels sieht man schon, wer offenbar in unserer Gesellschaft hauptsächlich für die Erziehung von Kindern verantwortlich gemacht wird, aber das nur am Rande. Die Erkenntnisse dieser Doktorarbeit sind nämlich durchaus interessant: Wer zu starre Essensregeln (immer aufessen etc.) aufstellt, schadet seinem Kind ebenso wie diejenigen, die Zuwendung mit Essen ersetzen. Das heißt nicht, dass man seinem Kind kein Eis kaufen darf, sondern vielmehr, dass man Essen nicht mit Belohnung in Verbindung bringen oder zur Gefühlsregulation benutzen sollte. Aber warum ist der Mensch dafür überhaupt so empfänglich?

Die Neuroendokrinologin Mary Dallmann beschäftigt sich mit diesem Thema schon ihre gesamte Karriere lang. Sie wies in mehreren Tests nach, dass wir durch Essen das Stresshormon Cortisol senken. Folglich setzen wir irgendwann Sattheit mit Stabilität gleich. Genau diese Stabilität ist uns im Liebeskummer meist völlig abhandengekommen. Da ist jedes Mittel recht, das den schwankenden Boden unter uns wieder ins Gleichgewicht bringt. Und sei es nur für ein paar Stunden. Was besonders satt macht: Fett und Kohlenhydrate. Überraschung!

Problematisch wird das, wenn wir zu viel Essen. Das ist zum einen ungesund, zum anderen stopft es nicht dauerhaft das Loch in unserem Herzen. Das ist uns klar, doch wir machen es trotzdem. Die Psychologin Simone Munsch bestätigt, dass Stressesser genau wissen, dass sie Stressesser sind. Doch wie kommt man da wieder raus? Experten erklären, der erste Schritt sei, Situationen zu erkennen, in denen das Verhalten auftritt, und dann erst mal zu Stift und Papier zu greifen und das Problem aufzuschreiben. Wer nicht gern schreibt, kann eine Runde um den Block gehen und darüber nachdenken. Beides hat zum Zweck, zeitliche oder räumliche Distanz zwischen sich und den Kühlschrank zu bringen.

Hier handelt es sich um ein schönes Beispiel, das in der Theorie ganz toll und einfach klingt, in der Praxis aber wahrscheinlich eher schwierig umzusetzen ist. Wenn alles in einem nach Ben & Jerry's Cookie Dough schreit, ist es mit der Selbstdisziplin nicht weit her. Dennoch: Sich der eigenen Mechanismen bewusst zu werden, ist ein wichtiger erster Schritt. Beim ersten Mal klappt es vielleicht nicht, aber mit der Zeit wird man besser. In diesem Fall ist das Hirn ein Muskel, den es zu trainieren gilt. Es ist hauptsächlich verantwortlich für unseren Gefühlskater, da kann man es ruhig ein bisschen zur Revanche herausfordern.

62

TAG

Im Zeitalter der Coachings für jede Lebenslage fällt immer wieder der Begriff der Selbstliebe. Scheinbar ist sie der Schlüssel zu einem glücklicheren Leben und das Wundermittel gegen alle Widrigkeiten des emotionalen Abfucks. Aber, Entschuldigung, was ist das eigentlich, „Selbstliebe"? Und wo kann man sie kaufen?

Die Autorin und Feministin Theresa Lachner fragt sich das auch und definiert Selbstliebe in unserem Jahrzehnt als „die Portion gefriergetrockneter Kräuter der Provence unter den Befindlichkeiten, die zwar nirgendwo richtig dazupasst, aber man kippt sie halt einfach mal über alles, für ein bisschen mehr Kontext und Geschmack." Weiter stellt sie ganz richtig fest, dass dahinter lediglich ein Konsumgedanke steht: „Nur wenn man Menschen einen Mangel predigt, kann man ihnen neue Dinge verkaufen, und das Konzept ‚Selbstliebe' ist schwammig genug, dass das wunderbar funktioniert."

Der Mangel in deinem Fall: partnerlos, single, verlassen, halb. Dein Platz in der Gesellschaft: Ui, ui, ui, der wackelt aber jetzt! Außer natürlich, du kompensierst das alles mit genug Selbstliebe, dann hallo und willkommen zurück als vollwertiges Mitglied.

Was. Für. Ein. Bullshit.

Von jemandem zu erwarten, dass er biochemische Vorgänge mit ein bisschen Selbstliebe und Achtsamkeit aushebelt, ist einfach nur dreist. Natürlich ist es wichtig, ein gutes Verhältnis zu sich, zu seinem Körper und seinem Verhalten zu haben und sich regelmäßig Zeit zu nehmen, über das eigene Leben zu reflektieren. Aber wie soll das gehen, wenn sich Kopf und Geist in einem traumatischen Prozess befinden? Vielmehr sollte ein Hinweis auf den persönlichen Stolz erfolgen. Man muss sich nicht alles gefallen lassen. Und dafür muss man sich sogar selbst gerade nicht besonders mögen – Grenzen ziehen kann man trotzdem.

DATUM

Was war der unnötigste Ratschlag zum Umgang mit Liebeskummer, den du je bekommen hast?

Von wem kam er?

Welcher Ratschlag war hilfreich?

Von wem kam er?

63

TAG

Heute zu viel gegessen? Keinen Sport gemacht? Auf Social Media gestalkt? Nicht die Energie gehabt, zur Arbeit zu gehen? Oder dort nur paralysiert rumgesessen? Der besten Freundin die Ohren vollgeheult und zum tausendsten Mal die Trennung am Telefon durchgekaut? Du bist müde, einfach nur müde? Dann geh ins Bett. Wer müde ist, sollte schlafen. Oder sich zumindest hinlegen.

An manchen Tagen funktioniert einfach gar nichts: Da ist kein Wille, keine passende Kompensationsstrategie, keine Selbstdisziplin. Und das ist in Ordnung. Whatever works.

Morgen ist ein neuer Tag.

DATUM

Was hast du heute geschafft?

- Nichts
- Nichts
- Nichts
- Nichts
- Nichts
- Nichts
- Nichts
- Nichts
- Nichts
- Nichts
- Nichts
- Nichts
- Nichts
- Nichts
- Nichts
- Nichts
- Nichts
- Nichts
- Nichts
- ....

64

TAG

„Aber ihm geht's doch auch nicht so gut, weißt du?" Na, wie oft hast du das schon in verschiedenen Mitleidsabstufungen gehört? Und was soll dieses „doch"? Was genau denken Menschen, wenn sie einer Frau solche Informationen über den Ex-Freund zukommen lassen? Wie soll sie darauf reagieren? Was hat ihr Leid in diesem Fall mit seinem zu tun? Gar nichts. Was aber schon interessant ist: dass Frauen immer noch suggeriert wird, dass sie (auch wenn sie verlassen wurden) doch bitte schön Mitgefühl zeigen sollen. Laurie Penny glaubt: „Es wird uns schlicht nicht zugestanden, die Gefühle von Männern zu missachten [...]. In unserer Kultur haben Frauen nicht so über Männer zu denken. Männer sind jederzeit vollwertige Menschen. Frauen dagegen sind Objekte, Symbole oder faszinierende Fremde, denen man eine Antwort entlockt, um zu bekommen, was man will." Klingt ganz schön hart? Ja. Und sicher ist es in deiner Bubble die meiste Zeit anders. Insgesamt sind wir aber leider noch nicht so weit, wie wir uns wünschen. Aber zurück zu deinem Liebeskummer.

Mal ganz scharf gefragt: Was kümmert dich, was er denkt und wie es ihm geht? Von ihm erwartet ja auch keiner Mitgefühl dir und deiner Situation gegenüber. Das ist kein Aufruf zu mehr menschlicher Gleichgültigkeit, davon gibt es auf diesem Planeten wahrlich genug. Aber man darf dieses System der Kümmerei um Männer und ihre Gefühle schon deutlich hinterfragen. Klar, kannst du dir Gedanken um sein Gefühlsleben machen, aber wo soll das hinführen? In ihn reinschauen kannst du eh nicht. Das ist also alles eine sehr mühselige Orakelei.

Wichtiger ist im Moment dein eigenes Gefühlsleben. Verstopfe deshalb deine sowieso schon angekokelten Synapsen nicht mit Gedanken über sein Leid. Damit muss er selbst klarkommen, du mit deinem auch.

DATUM

BULLSHIT-BINGO

Kreuze an, welche Sätze, die Schuldgefühle und anderen Quatsch auslösen, du dir schon anhören musstest:

„Er leidet doch auch."	„Er kann halt nicht so gut seine Gefühle zeigen."	„Er ist ganz dünn geworden."
„Er trinkt sich seinen Kummer weg."	„Er steht ganz neben sich."	„Das hat ihn schon sehr verändert."
„Für ihn ist das auch alles nicht so einfach."	„Er weiß gar nicht, wohin mit sich."	„Er lässt sich total gehen."

Ja, alles bitter. Aber nicht deine Baustelle. Jeder ist an dieser Stelle für seine Gefühle selbst verantwortlich. Erst mal.

65

TAG

Die Generation der Millennials ist vor allem eins: nicht wütend. Wer mit dem Like-Button aufgewachsen und auf *Instant Gratification* konditioniert ist, sucht lieber Konsens statt Dissens. Ist ja auch ein schönes Gefühl, von allen gemocht zu werden. Wut, Zorn, Kritik – das ist alles eher lästig und störend. Auf Dauer haben wir verlernt, richtig sauer zu sein. Die Autorin Meredith Haaf konkretisiert das besonders bei Frauen: „Frauen, die im Deutschland der Achtzigerjahre […] zur Welt kamen, stehen Streit und Unannehmlichkeiten eher misstrauisch gegenüber. Das ist gerade dann so, wenn es darum geht, für die eigenen Rechte und Möglichkeiten zu kämpfen." An der Generation Z, die laut und unermüdlich für die Rettung des Planeten auf die Straße geht, können sich die Millennials also ruhig ein Beispiel nehmen. Über die Boomer reden wir an dieser Stelle einfach gar nicht.

Wut ist unbequem, aber produktiv. Wer wütend ist, hat Energie, um sein Leben umzukrempeln, neue Weichen zu stellen und voranzukommen. Diese Wut zu unterdrücken, insbesondere bei Liebeskummer, ist falsch, auf Dauer ungesund und kann nachweislich zu Depressionen führen. Solches Verhalten entsteht unter anderem aus der Sorge, dass der Ex in ein paar Wochen oder Jahren sagt: „Also die! Was für eine Furie!"

Wir erinnern uns: Männer, die laut werden, sind stark und souverän. Frauen, die laut werden, hysterisch. Das ist eine Sage des Patriarchats, die offenbar noch immer unermüdlich weitergegeben wird. Wie so ein Staffellauf alter weißer Männer: schleppend, aber mit dem unbedingten Willen zu gewinnen. Die Psychologin Verena Kast fordert auf, Wut wahrzunehmen und zu benennen. Sie sagt über Wutvermeider: „Die können den Ärger nicht nutzen. Denn der Ärger sagt mir ja, da geht mir einer über die Grenze, da beleidigt mich jemand in meinem Selbstwertgefühl, in meiner Selbstidentität. Ich muss das anmahnen." Deshalb: Nutze deine Wut!

DATUM

Wut ist ein wiederkehrendes Element in diesem Buch. Sie ändert sich schließlich auch ständig. Worüber du vor ein paar Wochen wütend warst, muss nicht das sein, was dich heute sauer macht.

Was macht dich ständig wütend?	**Was macht dich aktuell wütend?**	**Was macht dich nicht mehr wütend?**

66

TAG

Ein wirklich merkwürdiger, aber doch recht einleuchtender Tipp, um Liebeskummer zu kompensieren: Achterbahn fahren. Nein, das ist kein Witz. Das ist sogar eine logische Folge aus all den wissenschaftlichen Erkenntnissen zur Ausschüttung von Serotonin, Dopamin und Adrenalin. Im Kontext dieses Buchs wirkt das natürlich erst mal etwas befremdlich. Aber bei allem, was du über biochemische Zusammenhänge und strukturelle Zwänge gelesen hast, ist das zwar ein skurriler, aber funktionierender Ratschlag.

Achterbahn fahren.

Ja, das muss erst mal sacken. Und die Vorstellung, dass du in einer Achterbahn sitzt, um damit diese Herzscheiße zu überlisten, ist grotesk. Aber je länger man darauf rumdenkt: warum eigentlich nicht? Die Achterbahnfahrt wird dem Patriarchat nichts anhaben, leider. Aber der Chemie in deinem Kopf. Und sie lenkt dich ab. Bevor du also weiter mit dir und deinem Schicksal verhandelst, pack dir einen Lieblingsmenschen und fahre in einen Freizeitpark. Lass deine Transmitter und Rezeptoren ordentlich durchspülen.

Das Internet sagt: *Everything you want is on the other side of fear.* Das Internet hat ausnahmsweise recht.

DATUM

Wo steht die nächste Achterbahn?

Wann kannst du hinfahren?

Und am wichtigsten: mit wem?

66 TAGE GESCHAFFT // EIN RESÜMEE

Die Ereignisse der letzten Monate waren anstrengend. Bis hierhin hast du aber alle Tage überlebt – so beschissen sie auch waren. Dafür solltest du dir selbst auf die Schulter klopfen. Du bist immer noch da, einfach war das nicht. Mit etwas Distanz zu den „Highlights" (Trennungsgespräch, Nervenzusammenbrüche, Tage, an denen du einfach durchgeheult hast, heimliche Verzweiflung nachts um halb drei) stellt sich ein ganz klein wenig Sicherheit ein, dass dein Leben auch ohne ihn eine Perspektive hat.

Manche Kompensationsstrategien haben funktioniert, andere gar nicht. (Die Achterbahnfahrt steht wahrscheinlich noch aus!) Für jeden funktioniert etwas anderes, die strukturellen Gegebenheiten sind jedoch für alle gleich. Vieles hat dich wahrscheinlich geärgert, einiges verwundert, manches sogar sprachlos gemacht. Du hast viel über dein Hirn, und wie es verschraubt ist, gelernt und dir gesellschaftliche Verhaltensmuster bewusst gemacht, die wahrscheinlich jahrelang für dich selbstverständlich waren. Was sie aber nicht weniger falsch macht.

Das alles muss sortiert werden. Also sortier mal.

Wie würdest du dein Cyberstalking in den letzten 33 Tagen beschreiben? Zeichne eine Kurve:

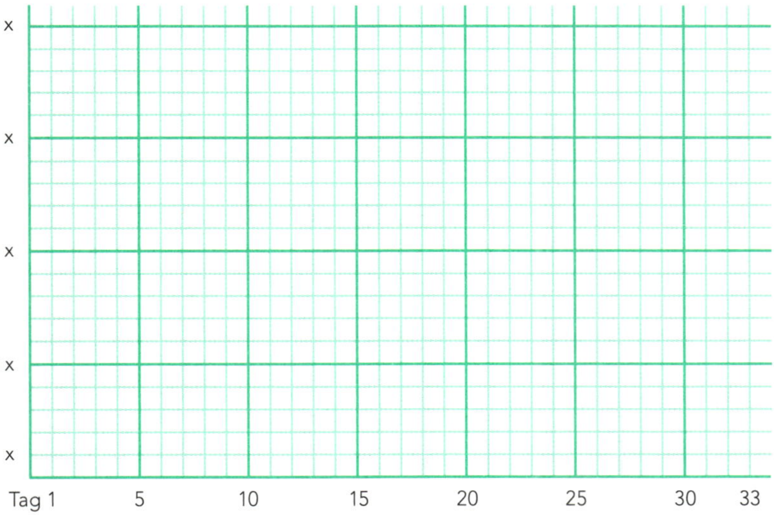

66 TAGE GESCHAFFT // EIN RESÜMEE

Was hast du verstanden?

Was verstehst du noch nicht?

Was lief besser als gedacht?

Was lief beschissen?

Was hast du gelernt?

Was hat er Dummes getan seit eurer Trennung?

Was hast du Dummes getan seit eurer Trennung?

Ich möchte ihn gern bald wiedersehen. JA NEIN

Ich möchte ihm noch dringend etwas sagen. JA NEIN

Ich möchte noch mal mit ihm schlafen. JA NEIN

Ich möchte ihm etwas erklären. JA NEIN

Ich möchte ihn zurück. JA NEIN

.... JA NEIN

Worauf bist du stolz?

....

....

....

....

....

LOSLASSEN

TAG 67–99

67

TAG

Als du vor über zwei Monaten mit diesem Buch begonnen hast, war der heutige Tag ein großes Versprechen: Wenn du mal bei diesem Teil angekommen sein wirst, ist ein Ende in Sicht. Und besonders schön wäre es, wenn man das Ganze jetzt auch noch ein bisschen beschleunigen könnte. Zack, zack, ein bisschen blättern, die nächsten Seiten überfliegen und schon ist man bei Tag 99 angekommen, der Liebeskummer weg, das Leben rosarot und leicht.

Stopp.

Es gibt hier kein „Skip Intro" wie bei Netflix. Die nächsten 33 Tage kann man nicht vorspulen. So läuft es leider nicht, auch wenn dein Wunsch total nachvollziehbar ist. Dafür gibt es im Übrigen auch einen wunderschönen Begriff: Präkrastination. Das ist das Gegenteil von Prokrastination, der viel besungenen Aufschieberitis, die uns davon abhält, die Dinge zu tun, die wir eigentlich tun sollten. Präkrastination meint hingegen den Drang, eine Aufgabe sofort anzufangen und möglichst schnell abzuschließen. Verschiedene Studien der University of California, der University of Pennsylvania und der Washington State University haben sich unabhängig voneinander damit beschäftigt. Der Forschungsgegenstand ist sehr neu, erst seit einer Zufallsentdeckung vor wenigen Jahren befasst man sich mit dem Phänomen. Blickt man aber in Büros und WhatsApp-Gruppen, fragt man sich, warum da noch keiner früher draufgekommen ist. Unser Alltag, beruflich und privat, ist so durchgetaktet, wer da etwas früher fertig machen kann, hat vermeintlich mehr Zeit für Schönes. Dummerweise wird diese dafür selten genutzt, sondern eher, um mit etwas anderem anzufangen, damit man damit auch früher fertig ist. Ein Teufelskreis.

Der Motor dieses selbstzerstörerischen Verhaltens: Wir wollen unser Gedächtnis entlasten, ein Erfolgsgefühl generieren und schnelle Fortschritte erzielen – denn in unserer Gesellschaft zählen diejenigen, die einwandfrei funktionieren und überperformen, mehr als andere.

DATUM

Der Drang, den Liebeskummer flott und strukturiert abzuhaken, möglichst mit Fleiß und Engagement, ist auch eine Form von Präkrastination. Aber so funktioniert es nicht. Egal, wie sehr du dich anstrengst. Manches braucht einfach Zeit, nimm sie dir. Du hast noch mindestens 32 Tage. In diesem Fall ist Aufschieben in Form von Innehalten okay, denn das fördert divergentes, nicht-lineares Denken. Heißt: Du heilst den Herzschmerz richtig aus und bügelst nicht einfach brutal drüber.

Bist du ein Fan von To-do-Listen? JA NEIN

Geben sie dir ein Gefühl von Sicherheit? JA NEIN

Verschafft dir das Abhaken ein Glücksgefühl? JA NEIN

DEINE REALISTISCHE TO-DO-LISTE

Was möchtest du bis nächste Woche erledigt haben?

Was möchtest du in einem Monat erledigt haben?

Was möchtest du in einem Jahr erledigt haben?

68

TAG

Mit am nachhaltigsten verstörend nach einer Trennung ist der Kontrollverlust. War man eben noch Herrin über sein Leben, den Alltag, gefühlt sogar die Zukunft, wird einem das plötzlich rabiat entrissen. Der Reflex ist natürlich, dass man panisch versucht, diese Kontrolle zurückzubekommen. Welche Mechanismen da ineinandergreifen, hast du besonders zu Beginn dieses Buchs gelesen. Und auch von deren Folgen. Cyberstalking, forcierte Gespräche oder Treffen – alles Versuche, die Situation zu deinen Gunsten in den Griff zu bekommen. Funktioniert leider nur bedingt bis gar nicht.

Der Kontrollverlust ist vor allem ein täuschendes Gefühl, meist entspricht er nicht der Realität. Die Welt ist nicht untergegangen, deine Freunde sind noch da, das Leben hat immer noch einen Sinn. Nicht jeden Tag, nicht jede Stunde, aber meistens. Das Kontrollgefühl kommt also langsam zurück. Wahrscheinlich zu langsam für deinen Geschmack.

Wenn du aber mal einen Schritt zur Seite trittst und auf die letzten Wochen schaust, war sicher nicht jeder Tag ein totales Armageddon. Natürlich nervt es, dass sich dein Ich immer noch nicht so anfühlt wie vor diesem Bruch, aber komplett haltlos ist es auch nicht mehr. Anstatt sich darüber zu ärgern, dass es immer noch holpert, betrachte lieber die Momente und Bereiche, die du wieder im Griff hast.

DATUM

In welchen Bereichen hast du die Kontrolle bereits zurückgewonnen?

In welchen Bereichen hättest du gern noch mehr Kontrolle zurück?

69

TAG

Im Kopf hast du dir das bestimmt schon ziemlich farbenfroh ausgemalt, quasi imaginär im 3-D-Printer ausgedruckt: Wenn du das erste Mal auf deinen Ex triffst, wirst du cool sein, schlagfertig, freundlich, aber natürlich nicht zu freundlich, sachlich, aber natürlich auch kein Kühlschrank mit A+++-Zertifikat.

Blöderweise meint es der Zufall in der Regel ganz anders mit einem, und statt sich auf ein Treffen emotional vorbereiten zu können, steht man plötzlich vor dem anderen. Am denkbar blödesten Ort für ein Wiedersehen. Zum Beispiel nach Starkregen im überfüllten Bus. An diesem Tag sieht man aus wie alte Leberwurst, hat die Souveränität einer Klosterschülerin und die Eloquenz von drittklassigen DSDS-Teilnehmern. Es wird sich vertraut anfühlen und dennoch abstoßend. Mehr Verwirrung geht fast nicht. Egal, wie das Treffen zustande kommt, wahrscheinlich kannst du das Gefühlschaos nicht verhindern. Das Schicksal ist manchmal einfach ein sadistisches Arschloch.

In dieser Situation hilft vor allem eins: nichts sagen. Oder zumindest möglichst wenig. Deshalb muss man nicht kalt sein oder patzig werden. Bitte nicht mit Ignorieren verwechseln. Menschen tendieren dazu, in Situationen, in denen sie sich unsicher fühlen, vor sich hin zu stammeln oder unzusammenhängend zu quasseln. Sicher nicht alle, aber falls du dazugehörst, dann erinnere dich im Moment eines zufälligen, aber unausweichlichen Treffens daran: Weniger ist mehr. Lass ihn reden. Oder redet kaum. Zumindest über nichts Persönliches. Du hast hier keine Karten mehr im Spiel, du kannst nicht gewinnen. Ein simples „Hallo" reicht, bitte keine konkreten Fragen stellen. Wenn dir der Ball zurückgespielt wird, mach es wie Hollywood-Schauspieler. Die bekommen in einem klassischen Rhetorik-Training beigebracht, Interviewfragen mit einer vorgefertigten Antwort anekdotisch zu beantworten, damit das Gegenüber zufrieden ist und nicht weiter nachbohrt. Das Ganze wird verkettet mit einer Gegenfrage. Auf die Frage „Wie läuft's

DATUM

bei der Arbeit?" ist beispielsweise eine gute Umlenk-Antwort: „Gut, ich ziehe bald an einen neuen Schreibtisch in einem anderen Stockwerk. Ist bei dir auf der Arbeit auch alles okay?" Das ist jetzt ein sehr simples Beispiel, aber das Prinzip ist klar, oder? Ziel ist es, diese Konversation möglichst schnell und schadlos zu verlassen. Und sich im Anschluss bitte nicht den Kopf zu zermartern, ob man nicht lieber dies oder jenes gesagt hätte, wie man aussah und was der andere von einem denkt. Es ist egal. Noch mal: Du bist raus aus dem Spiel, du musst nicht gewinnen wollen.

Welche offene Frage könntest du ihm stellen?

....

Mit welcher Pseudoanekdote kannst du von dir ablenken?

....

HINWEIS

Hier geht es nicht darum, deinen Ex-Freund vor den Kopf zu stoßen, sondern lediglich, diesen Moment ohne weitere emotionale Kollateralschäden zu überstehen. Irgendwann wird der Zeitpunkt kommen, ab dem ihr euch ganz normal unterhalten könnt oder sogar an eine frühere Vertrautheit anknüpft, ohne dass es ihn oder dich verletzt. Das jetzt schon zu erwarten, ist ein bisschen sportlich.

70

TAG

Die Wucht, mit der einen das Verlassenwerden trifft, ist enorm. Diese Wucht versucht, einen gnadenlos umzureißen. Völlig logisch, dass man sich in dieser Situation an allem festhält, was man greifen kann. Und klammert. Babys haben bis zum etwa vierten Monat einen ausgeprägten Greifreflex. Der rührt aus einer Zeit, als sich Neugeborene noch an ihre Mütter klammerten, um nicht versehentlich in Gefahrensituationen zurückgelassen zu werden. Dieser Reflex verschwindet langsam, aber jeder kennt wahrscheinlich das absonderlich wärmende Gefühl, wenn man einem Baby den Finger hinhält und sich dessen minikleine Fingerchen um ihn klammern. Nein, dafür muss man weder Kinder mögen noch einen Kinderwunsch haben, es lässt einen nicht kalt.

In den Momenten, in denen es dich besonders tief runterzieht, dass du immer noch nicht losgelassen hast, ist es möglicherweise eine gute Idee, sich dieses Baby vorzustellen. Das würde man auch nicht scheiße finden, wenn es klammert. Im Gegenteil. Man kann nicht jeden Tag erwachsen, reflektiert und souverän sein. Ein Finger nach dem anderen. Dieses Klammern wird bei dir verschwinden, ebenso wie es bei den Babys nach ein paar Monaten verschwindet. Es lohnt nicht, sich die Frage zu stellen, ob man lieber weniger lieben würde und dafür weniger leiden als mehr zu lieben und dafür mehr zu leiden. Darauf gibt es keine befriedigende Antwort, vielmehr ändert sie sich auch noch ständig.

Man selbst denkt oft, man müsse dies und müsse das. In solchen Situationen sollte man sich sofort fragen: Wer sagt denn das?

Ja, genau: nur du.

DATUM

BULLSHIT-BINGO

Kreuze an, welche der folgenden Gedanken in deinem Kopf immer wieder aufpoppen:

Ich sollte …

… schon längst über ihn hinweg sein.	**… nicht immer wieder über ihn nachdenken.**	**… doch schon viel weiter sein.**
… ihm noch mal sagen, wie ich über XY denke.	**… da viel souveräner rangehen.**	**… meine Gefühle besser im Griff haben.**
… mich erwachsener verhalten.	**… seine Nummer endlich löschen.**	**… weniger traurig und erschöpft sein.**

Übrigens: Du sollst und musst gar nichts. Sei nicht so hart zu dir!

71

TAG

Der Philosoph Pedro Tabensky hat einen schönen Begriff geprägt: „Kummer zweiter Ordnung“. Er definiert ihn so: „Eines der größten Kümmernisse ist der Kummer über unseren Kummer [...]. Er erwächst aus Enttäuschung, aus dem Gefühl, dass das Leiden umsonst, nutzlos oder absolut bereuenswert, kurz: sinnlos war.“ Um das zu kategorisieren, müsste es aber so etwas wie eine Kummerbewertungsinstanz geben. Die attestiert dann dem Kummer, ob er nützlich war, weil aus ihm etwas Tolles, Neues geboren wurde. Oder ob der Kummer einfach nur ein vergessener Eimer voll Abfall ist, den die Müllabfuhr seit Monaten nicht mitnimmt. Über die Tatsache, dass der Kummerabfall immer noch da ist, kann man dann neuen, zusätzlichen Kummer haben. Das türmt sich wunderbar auf. Und bringt gar nichts.

Es gibt leider kein kosmisches Gesetz, dass erstens Kummer nach seiner Nützlichkeit bewertet und zweitens dann, um so und so viel Tonnen Kummer auszugleichen, so und so viel Glück darauf packt, damit Balance herrscht. Balance liegt im Auge des Betrachters. Und der kann das sowieso erst einordnen, wenn alles vorbei ist. Wir verstehen rückwärts, nicht vorwärts. Anstatt sich also darüber zu bekümmern, dass der Kummer immer noch nicht weg ist, sollte man eine Trennung als Prozess betrachten, nicht als Einzel-Event mit Karten für die erste Reihe.

Die Psychotherapeutin Johanna Müller-Ebert beschäftigt sich schon lange mit der sogenannten „Trennungskompetenz“ und weiß: Die hat nicht jeder, aber man kann sie erlernen. Dazu braucht es Übung. Sie erklärt: „Beim Verlassenwerden steht natürlich im Vordergrund, dass Stolz, Würde und Respekt verletzt werden. Dann ist das Projekt, sich von diesem negativen Erlebnis wieder zu lösen. Das ist ein aktiver Akt, der verhindert, dass ich Opfer bleibe. Dazu zählt, den Schmerz anzuerkennen und einen eigenen Abschied zu vollziehen. Aber auch, in die Zukunft zu denken: Lasse ich mich vom Schmerz überwältigen? Wie viel Zeit am Tag will ich mit der Trauer um die verlorene Zeit verbringen?“

DATUM

Nutze die Zeit lieber, um den Schmerz in seine Einzelteile zu zerlegen. Zerkleinert ist er nämlich gar nicht mehr so angsteinflößend.

Empfindest du dich als Opfer? JA NEIN

Hast du damit gerechnet, dass der Trennungsprozess so lange dauert? JA NEIN

Würdest du ihn gerne beschleunigen? JA NEIN

Ist dir klar, dass das nicht wirklich geht? JA NEIN

Macht es dich traurig, dass du immer noch oft niedergeschlagen bist? JA NEIN

Siehst du hinsichtlich deines Gefühlszustands einen Unterschied von Tag 1 zu heute? JA NEIN

Kostet es dich viel Energie, stark und unbekümmert auf dein Umfeld zu wirken? JA NEIN

Fühlst du dich dir näher als noch vor ein paar Wochen? JA NEIN

Glaubst du, du bist auf einem guten Weg, bald wieder bei dir anzukommen? JA NEIN

Warst du in letzter Zeit überhaupt du? JA NEIN

72

TAG

Es gibt Menschen, die können gut Entscheidungen treffen. Und solche, die es gar nicht können. Die eiern ewig herum, beäugen zwar Für und Wider, vertuschen damit aber eigentlich nur, dass sie das Problem aussitzen wollen – meist, um eben bloß keine falsche Entscheidung zu treffen. Ob eine Entscheidung richtig oder falsch war, lässt sich nie herausfinden und ist auch überhaupt nicht wichtig. Viel wichtiger ist, überhaupt eine zu treffen. Denn nur so kann es Veränderung geben. In einer emotionalen Stresssituation fallen uns Entscheidungen natürlich wesentlich schwerer. Wenn sowieso schon ein Teil des Hirns mit einer Krise beschäftigt ist, wie soll da Platz für Antworten auf simple Fragen sein wie „Pasta oder Pizza zu Mittag" oder „heute Abend ins Kino gehen oder lieber zu Hause bleiben"? Komplizierte Entscheidungen wie solche, die nach einer Trennung aufkommen, überlasten die Festplatte komplett.

Forscher haben zwei Strategien identifiziert, wie wir überhaupt Entscheidungen treffen. Eine resultiert daraus, dass wir etwas abschließen wollen. Dann verteidigen wir diese Entscheidung auch oft gegen jegliche Kritik. Oder wir suchen möglichst alle Informationen zusammen. Beide Varianten müssen nicht von Erfolg gekrönt sein oder nachhaltig zufriedenstellen. Vielmehr muss man lernen, die Zweifel an der gefallenen Entscheidung auszuhalten.

Diese fünf Prinzipien sollen uns Wissenschaftlern zufolge bei der Entscheidungsfindung helfen:

1. Sich nicht nur auf den Kopf verlassen
2. Auf Gefühle hören
3. Nach Faustregeln suchen
4. Nicht nach Perfektionismus streben
5. Nur einen guten Grund finden

DATUM

Welche Entscheidungen musst du gerade treffen?

Was ist der eine gute Grund, warum ihr getrennt bleiben solltet?

73

TAG

Die Gerüchteküche kocht: Angeblich hatte dein Ex etwas mit einer anderen Frau. Im schlimmsten Fall noch mit einer Frau, von der du gar nichts hältst. Und warum zur Hölle macht er das nicht still und leise, sondern lässt es seine Umwelt auch noch wissen? Anspruchshaltung ungleich Realität. Natürlich ist das kein Betrug im eigentlichen Sinne, denn offiziell seid ihr getrennt. Aber es fühlt sich trotzdem an, als würde einem jemand einen Amboss auf die Brust werfen. Der Verstand sagt: Das ist sein gutes Recht, er ist Single, er darf schlafen, mit wem er will. Das Herz fragt: Wie kann er nur? Da rauschen so viele Gefühle durch das Emotionssystem, dass einem schier schwindelig wird: Eifersucht, Wut, Zorn, Enttäuschung, Kränkung, Demütigung … Die Liste ist ewig lang und hässlich.

Das tut weh. Sollte es nicht mehr wehtun, kannst du dieses Buch zuklappen, denn dann ist der Liebeskummer vorbei. Aber mit ziemlicher Sicherheit kratzt das an dir. Das ist okay. Aber betrachte es mal so: Diese Information versetzt dir einen Stoß in die entgegengesetzte Richtung, sodass du größere Distanz zu diesem Mann, dieser Beziehung und der Person, die du mit ihm warst, bekommst. Das ist gut. Wer weiter weg ist, hat einen besseren Blick auf die Gesamtheit der Dinge. Und zur Gesamtheit der Dinge gehört auch, dass eine Frau in unserem Jahrzehnt mit Sexualität in der Regel immer noch anders haushält als ein Mann. Das ist gelernt. Und gelernt heißt nicht, dass es richtig sein muss. Die Soziologin Eva Illouz geht so weit, zu sagen, „wenn die Sexualität ein Kampffeld ist, dann kann der Mann nur Status und Prestige erlangen, wenn er vor sich selbst und anderen einen Sieg über andere Männer davonzutragen vermag“. Für Männer bedeutet das Zurschaustellen einer aktuellen Eroberung, den eigenen Platz in der Gesellschaft zu behaupten. Sex hat, gerade wenn er vermeintlich bedeutungslos ist, eben doch eine Bedeutung: Seht her, ich gelte noch etwas, auch wenn ich gerade eine Beziehung versemmelt habe.

DATUM

Das nicht persönlich zu nehmen, fällt schwer. Und wirft viele weitere Fragen über die patriarchalische Gesellschaft auf, in der wir leben. Simple Lösungswege gibt es nicht. Sich in dieser Struktur einfach ebenso wie dieser vorsintflutliche Typ Mann zu verhalten, wird nicht unbedingt dafür sorgen, dass es irgendwem besser geht. Sex sollte nicht an einen Platz in der Gesellschaft geknüpft sein. Jedenfalls nicht so.

Falls du gehört hast, dass er etwas (was auch immer) mit einer anderen hatte: Wer war es?

....

Wie sehr verletzt dich das?

74

TAG

Da gibt es dieses wunderbare Klischee unter Frauen, dass eine alte Liebe nur von einer neuen Liebe gelöscht werden kann. Als würde ein neuer Partner dafür sorgen können, dass das komplette System gerebootet und inklusive Update auf die Festplatte gespielt wird. Problem dabei: Die Hardware bleibt die Gleiche. Und die ist noch auf das alte Betriebssystem konfiguriert. Dennoch: Wenn das Herz eine schwarze Häckselmasse ist, klingt so ein Versprechen ziemlich erlösend. Und weil man angeblich so erwachsen ist, schwächt man diesen Mythos ab. Das klingt dann in etwa so: Na, muss ja nicht gleich die große Liebe sein, für den Anfang tut es auch nur Sex. Wenn Männer das können, warum nicht auch du?

Dank Tinder, Bumble und Co. ist es theoretisch in dieser Dekade auch recht einfach, jemanden für reinen Körperkontakt zu organisieren. Allerdings lässt einen die Auswahl zwischen Typen vor Fitnessstudiospiegeln, Leihautos oder Palmentapeten recht schnell resignieren. Irgendwie hat man sich das alles aufregender vorgestellt, als man noch in einer festen Beziehung war. Genau genommen: Mit dieser Resterampe hast du nicht gerechnet. Warum dir das als Resterampe erscheint? Weil du automatisch mit deinem Ex-Freund vergleichst. Der hat dein Herz berührt, dagegen kommt „Marco, 34, Marketing-Stratege, kocht gern" niemals an.

Aber vielleicht ist an diesem Mythos doch was dran? Sex soll schließlich gut fürs Ego sein. Ganz vielleicht triffst du auch jemanden, mit dem das wunderbar klappt. Wahrscheinlicher ist aber, dass der erste Sex mit einer anderen Person nach einer Trennung ungelenk, merkwürdig und seltsam unbefriedigend ist. Mitunter auch, weil plötzlich wieder Unsicherheiten da sind, die man längst vergessen hatte. Die Routine in einer Beziehung ist eben manchmal auch gut. Die Aufregung über etwas Neues hingegen in Teilen etwas verstörend.

DATUM

Ob der Sex nun fantastisch oder mau war, ist auch ein bisschen egal. Wichtiger ist die Erkenntnis, dass da draußen andere Menschen sind, die du attraktiv findest und die dich attraktiv finden. Und die beruhigende Tatsache, dass der Letzte eben doch nicht der Letzte war. Das heißt, dieser hier wird es ebenfalls nicht sein. Auch wenn er marketing-strategisch gern kocht.

Falls du noch keinen Sex mit jemand anderem als deinem Ex hattest, …

… kannst du dir vorstellen, mit einem anderen zu schlafen? JA NEIN

… hast du dir bereits eine Dating-App runtergeladen? JA NEIN

… fühlt es sich an, als würdest du deinen Ex-Freund betrügen wollen? JA NEIN

Falls du schon mit jemand anderem als deinem Ex Sex hattest, …

… konntest du dich entspannen? JA NEIN

… war es befreiend? JA NEIN

… willst du es wiederholen? JA NEIN

Wie Männer und Frauen Tinder unterschiedlich nutzen

Keine Dating-App hat in den letzten Jahren für so viel Furore gesorgt wie Tinder. Seit 2012 trägt der Algorithmus aus Kalifornien zur Radikalisierung des Kennenlernens bei. Tinder geht schnell, macht durch seinen Gaming-Aspekt astrein süchtig und suggeriert eine optimale Auswahl. 50 Millionen Nutzer gab es 2019 weltweit, davon waren 67,8 Prozent Männer und 32,2 Prozent Frauen, 12 Millionen Matches fanden sich täglich. Tinder wurde für das Smartphone entwickelt, nicht für den heimischen Computer. Man trägt quasi den passenden Partner für jedes Bedürfnis schon jetzt in der Hosentasche herum. Man muss ihn nur finden, dann fix nach rechts swipen und bangen, dass er das genauso sieht.

Tinder suggeriert die geschlechterdemokratische Verfügbarkeit von Sex. Gefühle spielen nur eine untergeordnete Rolle. So zumindest die werbetechnische Strategie. Auch wenn viele so tun, als würden sie Tinder nur für körperliche Bedürfnisse nutzen, sagen die Zahlen etwas anderes. Die meisten Nutzer hoffen eigentlich auf einen festen Partner und möchten laut einer Studie der Kommunikationsforscherinnen Sindy Sumter und Laura Vandenbosch Körperlichkeit und Emotionen koppeln. Eine andere Studie will sogar gemessen haben, dass 80 Prozent der User auf der Suche nach einer Langzeitbeziehung sind. Im Detail unterscheiden sich die Erwartungen an die App dennoch bei Männern und Frauen. Männer sind eher an Sex interessiert, Frauen an Beziehungen. Männer swipen viel öfter und viel mehr nach rechts als umgekehrt. In Zahlen: 46 Prozent vs. 14 Prozent. Bedeutet im Umkehrschluss: Matcht eine Frau einen Mann auf Tinder, ist die Wahrscheinlichkeit sehr hoch, dass er auf der Suche nach etwas Körperlichem ist und sie nach etwas Emotionalem. Darauf folgt sehr oft ein verstörendes Phänomen: Zwei Personen matchen, aber die Konversation bleibt aus oder ist einseitig. Das legt nahe, dass viele User die App nur zur Selbstbestätigung und zum Austesten des eigenen Marktwerts nutzen. Da Männer öfter nach rechts swipen als Frauen, kann man sich sehr leicht ausrechnen, wer hier öfter von wem geghostet wird.

Die Kulturwissenschaftlerin Johanna Warda schreibt: „[Das Internet] fördert und verlangt ein gewisses Maß an ‚Selbstdesign' und stellt den in der Moderne sehr relevanten Begriff der Authentizität auf die Probe. In der Begegnung und Kommunikation im Internet finden sich neue Bedingungen menschlicher Interaktion, die die romantische Begegnung im 21. Jahrhundert maßgeblich prägen." Wir alle können auf Tinder so aussehen, wie wir wollen, sein, was wir wollen, werden, was wir wollen. Im Zeitalter von sorgfältig kuratierten Instagram-Feeds und der ständigen Vortäuschung eines grandiosen Lebens ist die Lüge auf Tinder gar nicht mehr als solche wahrzunehmen. Das Online-Ich und das Offline-Ich müssen nicht übereinstimmen, Wunsch und Wahrheit verschwimmen zusehends auch in der eigenen Empfindung. Der harte Aufprall kommt erst in der Spiegelung durch andere. Ein Date, das sich auf Tinder gut anbahnte, solange es aus Chat-Nachrichten bestand, kann in der Realität der absolute Horror sein. Johanna Warda fasst das so zusammen: „Da Online-Dating ein entkörperlichtes und textbasiertes Kennenlernen komplett Fremder vorsieht, kommt es zu einer Art von *Verbal Overshadowing*, eine Dominanz der Sprache, die dazu führt, dass die Reihenfolge des Kennenlernens umgekehrt wird: Man lernt die Person erst als psychologische Einheit, dann (in der Regel) als Stimme und erst zum Schluss als körperliches Wesen (mit Gestik, Mimik, Geruch) kennen – was das viel diskutierte Phänomen erklärt, dass viele reale Begegnungen, die nach einem regen und positiven textuellen Austausch stattfinden, ernüchtert abgebrochen werden."

Wer nach einer Trennung Selbstbestätigung sucht, also eh verwundet und verletzt ist, kann auf dem Tinder-Markt schnell zum Blechschaden werden. Das gilt für beide Geschlechter. Ist man auf der Suche nach Sex, sollte man das klar kommunizieren. Aber sich selbst auch eingestehen, dass man eigentlich das Bedürfnis nach Nähe und Aufmerksamkeit stillen will, die einem durch die Trennung abhandengekommen sind. Kein Penis dieser Erde kann dieses emotionale Loch stopfen.

75

TAG

In einer Phase, in der man über das eigene Ich verunsichert ist, generiert sich ein nahezu luftleerer, aber schier unendlich großer Raum, den man wie ein Eichhörnchen manisch füllt – mit Unsinn. Bald kommt der Winter, da könnte man den ganzen Selbstzweifel-Quatsch ja brauchen. Oh, noch eine Zweifel-Nuss, rein damit!

Ein tolles Transportmittel, um Selbstzweifel von außen nach innen zu bunkern, ist der Vergleich. Social Media ist natürlich der beste Ort dafür. Da kann man wunderbar anonym das eigene Ego malträtieren. Auf Instagram reiht sich ein tolles Bild an das nächste, das sagt: „Hier ist alles einfach unfassbar phänomenal großartig! Meine top eingerichtete Wohnung, mein total erfüllender Job, mein heißer Freund, mein glänzendes Haar! Außerdem bin ich eine liebende Mutter, die mit ihrem Kind Einhörner aus Kastanien baut, und habe kürzlich auch noch ganz nebenbei einen Preis für meine Arbeit gewonnen." Man möchte im Strahl kotzen. Denn das eigene Leben sieht daneben fahl und lau aus.

Die Autorin Mercedes Lauenstein schreibt dazu: „Der Mensch ist ein soziales Wesen. Wenn er es nicht mehr ist, ist er tot, gestorben an Hospitalismus, dem Entzug jeglicher Zuwendung und äußeren Reizen. Lernt man schon in der fünften Klasse im Ethikunterricht: Man wird nur man selbst durch die Spiegelung im Anderen. Der Vergleich mit anderen bleibt also nicht aus. Doch besser man beherrscht ihn, bevor er einen beherrscht." Sich nach unten zu vergleichen, macht nur kurzfristig glücklich, sich nach oben zu vergleichen, frustriert dauerhaft. Nachdem man durch eine Trennung vermeintlich attestiert bekommen hat, dass man in diversen Belangen mangelhaft erscheint, ist es nur nachvollziehbar, dass man aus Reflex einen noch härteren Maßstab an sich anlegt. Lauenstein gibt allerdings ganz richtig zu bedenken: „Und was man dabei sowieso gern vergisst, ist, dass Erzählungen immer glamouröser sind als die Wirklichkeit. Dass das Leben der anderen sich von innen

DATUM

wirklich so viel besser anfühlt als das eigene, gar so glänzend, wie es auf den Fotos aussieht oder in den Texten klingt, ist in 98 Prozent der Fälle vor allem eins: Fake News." Sich nicht mit anderen Frauen, dem Ex oder sogar einer seiner neuen Flammen zu vergleichen, ist schwer. Auch das ist eine viel zu hohe Erwartungshaltung an sich selbst. Also vergleiche, aber vergleiche realistisch und mit dem Gedanken im Hinterkopf: Bei denen ist ganz sicher auch nicht alles super, aber sie wollen sich genauso wenig angreifbar machen wie ich mich.

Mit wem vergleichst du dich?

Was ist an dieser Person vermeintlich besser als an dir?

Warum hast du dir gerade diese Person ausgesucht?

Was verbindet dich mit dieser Person?

Wo liegen ihre Schwachpunkte?

Würdest du dich auch mit ihr vergleichen, wenn du nicht frisch getrennt wärst? JA NEIN

76

TAG

Loslassen ist an sich schon schwer. Ungleich schwerer wird es, wenn einem der andere gar nicht die Möglichkeit gibt, loszulassen. Der Begriff *Hoovering* ist relativ neu und meint das sich „Festsaugen" an einer anderen Person. Er kommt aus der Narzissmus-Forschung. Bei Narzissten ist es eine beliebte Strategie, den Partner immer wieder unter großem Tamtam zu verlassen und dann doch zurückzukommen. Die Trennung von einem Narzissten ist deshalb multiplizierte Höllenqual, weil sie immer und immer wieder stattfindet. Mittels Manipulation und Psychotricks macht er sich sein Gegenüber gefügig. Betroffene schaffen es oft jahrelang nicht, sich aus solchen toxischen Beziehungen zu befreien. Natürlich gibt es unterschiedliche Schweregrade dieser Zwangsstörung, aufmerksam solltest du vor allem werden, wenn dein Ex-Freund immer wieder Kontakt sucht, egal wie. Regelmäßige Nachrichten, Anrufe, unzufällige zufällige Treffen verhindern vor allem eins: dass du richtig Abstand gewinnst.

Umgekehrt kannst aber auch du nicht richtig loslassen, wenn du immer wieder Kontakt suchst. Dann saugst du dich an dem anderen fest. Wer endlich raus aus diesem nervigen Aggregatszustand nach einer Trennung will, muss sich regelmäßig an Guy Winch vom Anfang dieses Buchs erinnern, der eine unbedingte Kontaktsperre fordert. Das heißt auch nach vielen Wochen noch: möglichst gar nicht agieren und noch weniger reagieren. Wenn du auf dem Weg bist, diese Trennung zu akzeptieren, ist es nur erschwerend, wenn du dich auf erneuten Kontakt einlässt. Und solltest du es tatsächlich mit einem Narzissten zu tun haben, dann musst du ganz andere Kaliber auffahren.

Nur weil sich ein Ex-Partner selbstgerecht und manipulativ verhält, heißt das nicht, dass er unbedingt ein Narzisst ist. Allerdings werden Narzissten und emotionaler Missbrauch häufig gerade von Frauen lange nicht als solche identifiziert.

DATUM

Wenn du mehr als die Hälfte der folgenden Fragen mit ja beantwortest, ist die Wahrscheinlichkeit groß, dass es sich um einen Narzissten handelt. Dann brauchst du Hilfe von außen und einen wirklich starken Willen. Der Verein emLife kümmert sich um Frauen, die durch Narzissten emotional missbraucht werden. Melde dich. Das ist keine Schande.

Hat dich dein Ex-Freund als verrückt oder überempfindlich bezeichnet? JA NEIN

Hat er seine Ex-Freundinnen so bezeichnet? JA NEIN

Hat er oft gelogen? JA NEIN

Braucht er unglaublich viel Aufmerksamkeit? JA NEIN

Hat er dich nach einem Streit oft mit Schweigen und Ignorieren bestraft? JA NEIN

Konnte er nicht gut allein sein? JA NEIN

BUCHTIPP

Falls du das Gefühl haben solltest, die Beziehung zu deinem Ex ist mehr als nur toxisch, es geht ständig on und off, vor und zurück, dann lies *Psychopath Free* von Jackson MacKenzie. Der Autor gibt einen wirklich guten Überblick über die klassischen *Red Flags* und erklärt Verhaltensmuster, um sich aus dieser Situation zu befreien.

77

TAG

Der Zeitgeist hat uns eine ganze Reihe neuer Begriffe eingebrockt, die Geschmacklosigkeiten mit hippen Anglizismen tarnen. Allen voran: *Ghosting*. Eine Zeit lang hat man das mit „Funkstille" ins Deutsche übersetzt, heute macht man da eine sehr genaue Unterscheidung. Die Journalistin Tina Soliman hat zu diesen Formen des Kontaktabbruchs mehrere Bücher geschrieben. Sie definiert den Unterschied so: „Bei der Funkstille sucht der Inhalt nach einer Form, die paradox ist, wie die Flucht oder eben die völlige Stille. Beim Ghosting bestimmt die Form den Inhalt […] Ghosting ist abgeklärter und kälter als Funkstille. […] Wer in ‚Funkstille' entweicht, ist ein Ausbrecher. Wer andere ghostet, ist ein Abbrecher." Soliman zeichnet in ihrem aktuellen Buch mehrere Ghosting-Geschichten nach: Was sie eint, ist der Kontaktabbruch, das (strategisch geplante) Verschwinden von Menschen. Da tauchen Partner ohne Vorankündigungen aus Beziehungen ab, wechseln Telefonnummern, kündigen Mietverträge, sind wie vom Erdboden verschluckt.

Nach einer Trennung Distanz zwischen sich und den Ex-Freund zu bringen, ist gesund, das bestätigt die Wissenschaft. Ghosting allerdings ist nicht nur fies, sondern hinterlässt oft traumatisierte Menschen. Es entwertet, verstört und bricht sie. Ghosting scheint immer salonfähiger zu werden, das macht es aber nicht vertret- oder nachvollziehbarer. Gerade bei Frauen triggert das laut Soliman den klassischen Reflex, zu schlussfolgern, dass es an ihnen liegen muss, wenn sie so behandelt werden. Nein, tut es nicht. Und es ist auch nicht normal, nur weil die Anzahl der Ghoster mit jedem Jahr statistisch steigt. Die Psychoanalytikerin Marie-France Hirigoyen nennt das „saubere Gewalt". „Man sieht nichts, es gibt keine Arztprotokolle, keine Augenzeugen, keine sichtbaren Verletzungen."

DATUM

Wenn du geghostet wirst, hat das nichts mit dir zu tun, sondern mit dem Unvermögen und dem Mangel an Reife deines Gegenübers. Noch mal: Distanz schaffen ist okay, ghosten ist asozial. Entgegen des Klischees hier eine harte Wahrheit: Es ghosten übrigens mehr Frauen Männer als umgekehrt.

Hast du schon mal geghostet? JA NEIN

Bist du bereits geghostet worden? JA NEIN

Überrascht es dich, wie sich dein Ex-Freund seit der Trennung verhält? JA NEIN

Überrascht dich dein eigenes Verhalten? JA NEIN

Glaubst du, dich in deinem Ex getäuscht zu haben? JA NEIN

Was hat dich am meisten enttäuscht?

78

TAG

Wir leben in einer Leistungsgesellschaft. Nur wer sich richtig anstrengt, scheint etwas zu zählen. Und wer Meilensteine und Erfolg nicht erreicht, strengt sich offenbar nicht genug an. Dieser Teufelskreis beherrscht unseren Alltag, unsere Kommunikation und natürlich auch die Liebe. Der Psychologe Stephan B. Poulter weist in seinem Buch *Der Ex-Faktor* in diesem Zusammenhang auf eine ganz besonders fiese Facette hin: „Liebesbeziehungen sind der Maßstab, nach dem wir Erfolg und Misserfolg in unserem Leben messen. Beruf und Karriere kommen und gehen, aber nichts ist so zeitlos wie die Erfahrung einer stabilen Ehe, ein lebenslanger Partner und eine zärtliche Beziehung."

Sind wir einmal mehr an diesem Maßstab zerschmettert, fühlen wir uns konsequenterweise klein und wertlos. Welche Frage Poulter leider nicht stellt: Warum wir uns diesem Maßstab beugen? Denn wer hat den eigentlich festgelegt? Handelt es sich dabei um ein kosmisches Gesetz? Gibt es irgendwo eine Sternchenliste für jede gut und lang geführte Beziehung? Und gibt es bei zehn Sternchen hausaufgabenfrei wie in der Grundschule? Nein. Natürlich nicht. Und dementsprechend unsinnig ist es, diesen Maßstab anzulegen. Denn wer sich nicht gut genug fühlt, wird zwangsläufig wütend. Auf sich selbst. Das ist destruktiv und versaut einem das Leben.

Es ist doch im Gegenteil so: Was uns zu einem starken und selbstreflektierten Menschen macht, sind die Situationen, die uns herausgefordert haben. Die Hürden, die wir bezwungen haben. Daran wachsen wir. So lernen wir Empathie. Anderen gegenüber und hoffentlich auch uns selbst. Es zeugt von wesentlich mehr Reife, eine nicht funktionierende Beziehung gehen zu lassen, als in ihr zu verharren, um für die Außenwelt weiter beim Wettbewerb um das nächste Sternchen mitzumachen.

DATUM

Richtest du deine Wut nach innen?	JA	NEIN
Hast du bestimmte Strategien, um diese Wut zu kompensieren?	JA	NEIN
Fühlt sich das gesund an?	JA	NEIN
Kannst du Wut artikulieren?	JA	NEIN
Nimmst du manchen Paaren um dich herum ihr Glück nicht ab?	JA	NEIN
Gibt es Paare in deinem Umfeld, die nur noch so tun, als wären sie zusammen?	JA	NEIN

79

TAG

Manche Fragen bleiben einfach offen, egal wie häufig man sie im Kopf hin und her wendet. Besonders Fragen, die mit „Hätte ich ..." beginnen, können einen um den Verstand bringen. Konjunktive machen Angst. Und Angst lässt einen oft impulsiv oder irrational entscheiden. Führt man sich selbst all die Möglichkeiten vor Augen, wie man wann hätte anders entscheiden können, um so diesen Super-GAU von vornherein zu vermeiden, explodiert der Kopf.

Dabei gibt es durchaus Menschen, die einem Fragen beantworten können, die der Ex offengelassen hat: andere Ex-Freundinnen. Doch Verflossene zu kontaktieren, fühlt sich im besten Fall übergriffig an, im schlechtesten stellt man sich bloß. Deshalb behält man sowas lieber für sich. Schon mal darüber nachgedacht, dass du da vielleicht offene Türen einrennst? Vielleicht treibt eine Verflossene deines Ex-Freunds Ähnliches um. Und vielleicht könnt ihr miteinander feststellen, dass es gar nicht an euch, sondern an ihm lag, dass die Beziehung nicht funktioniert hat. Das wäre beruhigend. Das würde Fragen simpel beantworten. Und Konjunktive zu Tatsachen werden lassen.

Schon klar: Sich so zu offenbaren, kostet Überwindung. Aber vielleicht fällt dir eine Frau ein, die dir eigentlich immer sympathisch war. Und die man auf einen Kaffee treffen könnte. Und ganz vielleicht würde das nicht nur für dich Dinge klären, sondern auch für sie. Wäre eine Überlegung wert, oder?

DATUM

Welche Ex-Freundin könntest du ansprechen?

Was würdest du sie fragen wollen?

Wie könntest du sie kontaktieren?

80

TAG

Kommunikation ist der Austausch oder die Übertragung von Informationen. Sie kann verbal oder nonverbal stattfinden. Keine Kommunikation ist damit auch eine Form von Kommunikation. Der Soziologe Niklas Luhmann war einer der ersten, der auch die Liebe als eine Form von Kommunikation definierte. Und das schon (oder erst – je nachdem wie man es nimmt) in den sechziger Jahren. An Tag 17 ging es bereits um seine Forschung, zu diesem speziellen Thema sagt er: „Mit der Kategorie des Kommunikationsmediums ist zugleich abgemacht, daß wir Liebe in diesem Zusammenhang nicht als ein objektiv feststellbares Gefühl bestimmter Art behandeln und dessen Vorkommen feststellen, kausal begründen oder auf das organische oder psychische System von Menschen hin funktionalisieren wollen."

War Liebe lange Zeit ein Kommunikationsmedium zwischen dir und deinem Ex-Freund, ist es schwer, neue Kanäle zu finden. Das erfordert eine gewisse Zeit der Umgewöhnung, blöderweise kann man die nicht so beschleunigen, wie man es gern hätte. Es erfordert viel Überwindung, mit dem Ex friedlich umzugehen, wenn da Verletzung und Kränkung im Raum steht. Und wenn man plötzlich nicht mehr die gleiche Sprache spricht. Selbst wenn man nichts sagt oder schreibt, fühlt es sich an, als würde man gegen eine Wand fahren, obwohl mit einer Antwort ja faktisch gar nicht zu rechnen war. Wie ein kaputter Staubsauger-Roboter mit fehlerhaftem Sensor, der einfach nicht einsehen will, dass es hier nicht weitergeht und deshalb immer und immer wieder in die gleiche Richtung gegen die gleiche Tapete fährt. Bis der Strom irgendwann ausgeht. Auch dir wird die Energie irgendwann ausgehen. Deshalb wechselst du lieber die Richtung, bevor die Akkuanzeige rot blinkt.

Die Kommunikation ist hier fürs Erste zu Ende. Dinge, die nicht gesagt wurden, sind vielleicht auch einfach nicht wichtig genug. Frag dich lieber: Wird es in einer Woche noch wichtig sein? Wird es in einem Monat noch wichtig sein? Wird es in einem Jahr noch wichtig sein?

DATUM

Wo möchtest du in einer Woche stehen?

Wo in einem Monat?

Und wo in einem Jahr?

Welche Meilensteine, sollen in den nächsten 12 Monaten greifbar sein? Was soll wann passieren?

JAN FEB MÄR APR MAI JUN JUL AUG SEP OKT NOV DEZ

JAN FEB MÄR APR MAI JUN JUL AUG SEP OKT NOV DEZ

JAN FEB MÄR APR MAI JUN JUL AUG SEP OKT NOV DEZ

Denk dabei an Veränderungen im Job, in der Wohnsituation, im Freundeskreis, in deiner Gefühlslage. Aber auch an Dinge, die dir guttun, wie eine Reise, ein Fest, Selfcare im Allgemeinen und im ganz Konkreten.

81

TAG

Bei Liebeskummer fühlt sich die Zeit wie ein Gegner an. Manche Prozesse gehen zu schnell, andere viel zu langsam. Als würde das Konstrukt Zeit plötzlich völlig irre zwischen allen Extremen hin und her pendeln. Dabei sind die Zeit und vor allem das Alter eigentlich unser Freund. Gemeint sind nicht herrlich dämliche Plattitüden wie „Die Zeit heilt alle Wunden". Ja, mag sein, dass das so ist, aber Narbengewebe ist halt auch nicht so richtig geil.

Spannend in diesem Zusammenhang ist vor allem das Feld der Glücksforschung. Die Psychologin Margie E. Lachmann untersucht schon länger, was es mit Glück auf sich hat, wie man es erreicht und vor allem wie man es behält. In verschiedenen Untersuchungen zeichnete sie eine Art Glücksdiagramm nach, das bestätigt, dass wir glücklicher werden, umso älter wir sind. Die gute Nachricht ist also: Es geht bergauf. Ab jetzt wird es sicher immer besser. Ob diese Kurve stabil bleibt, ist vor allem eine Frage der Haltung, die wir zu den Dingen haben: „Selbst wenn wir eine Situation weder aussuchen noch verändern können, haben wir die Macht zu entscheiden, wie wir auf sie reagieren", sagt Lachmann. Und bestätigt das mit Zahlen: „Bemerkenswerte 96 Prozent der Teilnehmer erzählten uns, sie hätten aus ihrem Tief gelernt, und viele hatten es geschafft, die Situation zu ihren Gunsten zu verändern." Wichtig ist hierbei ein Gefühl von Kontrolle.

Indem du die Perspektive auf das Vergangene wechselst, gewinnst du wieder den Überblick. Du kannst auf all das drauf schauen und dich fragen, in welchen Momenten du über dich hinausgewachsen bist.

DATUM

Inwiefern bist du heute glücklicher als vor ein paar Wochen?

Wenn du dein Ich von vor 5 Jahren treffen könntest, was würdest du ihm heute gerne sagen?

82

TAG

Für den Verlauf von Liebesbeziehungen sind zwei Faktoren besonders relevant: zum einen wie die Beziehung unserer Eltern zueinander funktioniert oder eben nicht funktioniert hat, zum anderen wie sich unsere eigene erste große Liebe gestaltete. Das sind jetzt eher so mitteltolle Informationen, denn die meisten von uns sind eben nicht in einem konfliktfreien Elternhaus groß geworden, die Rollenverteilung war oft eine andere als sie heute ist, und die erste große Liebe … nun … Verschiedene Studien haben gezeigt, dass der Einfluss dieser Faktoren unsere Partnerwahl und den Verlauf einer Beziehung unbewusst immens bestimmt. Dem kann man sich jetzt erschöpft beugen. Oder der Sache mit ein paar Fragestellungen bewaffnet auf den Grund gehen.

Die Autorin Lisa Meyer hat sich intensiv damit beschäftigt, wer oder was unsere Beziehungswahl prägt, und vier Einflüsse voneinander getrennt. In Hinblick auf neueste wissenschaftliche Erkenntnisse beleuchtet sie zuerst, wie wir wählen, wen wir lieben: nämlich Partner, die uns auf eine Weise vertraut sind, weil wir ähnliche Typen aus unserer Vergangenheit kennen, eben zum Beispiel den ersten festen Freund. Ebenso ist es mit dem Verhalten: Wenn wir lieben, verhalten wir uns oft ähnlich wie in Vorgängerbeziehungen. Das kennen wir, da fühlen wir uns sicher. Auch unsere Sicht auf uns selbst spielt eine große Rolle: Mögen wir uns oder eher nicht? Und zu guter Letzt: Wie lassen wir los?

Wenn du diese vier Einflüsse auf deine letzte und alle Beziehungen davor anlegst, wird es sicher Muster geben. Eine Art Beuteschema, das entweder immer wieder angewendet wird oder gegen das du dich vehement versuchst zu wehren. Oft wird einem am Ende klar, dass es doch wieder der gleiche Typ Mann war. Der Sinn dieser Übung ist übrigens nicht, sich beim nächsten Mal eine Person herauszusuchen, die das genaue Gegenteil von all dem ist, was zuvor nicht geklappt hat. Vielmehr geht es darum, sich bewusst zu werden, wie man funktioniert, und so Prognosen abgeben zu können.

DATUM

Das heißt ganz einfach: Wenn dein Liebeskummer immer wieder so oder so ablief, wird er das auch diesmal mit großer Wahrscheinlichkeit tun. Das wiederum bedeutet, er ist absehbar. Er ist endlich. Er geht vorbei. Das sind gute Neuigkeiten.

Was haben deine erste große Liebe und dein letzter Freund gemeinsam?

Wenn du deinen persönlichen Liebeskummer in 5 Schritten beschreiben müsstest, welche wären es?

Worin ähneln deine Ex-Beziehungen der deiner Eltern? Schließe auch Patch-Work-Konstellationen mit ein.

83

TAG

Der Journalist Peter Wagner hat vor einigen Jahren ein ganz erstaunliches Buch geschrieben. Über einen sehr langen Zeitraum befragte er verschiedene Menschen in ganz Deutschland, was sie vom Leben gelernt haben. Dabei stellte er immer wieder die drei gleichen Fragen: Was haben Sie erlebt? Was ist Ihnen dabei klar geworden? Was davon können Sie weitergeben? Er traf bei seiner Recherche zum Beispiel auf eine Frau, die ihren Sohn verloren hat und dem Autor berichtete, wie sie seitdem damit umgeht. Eine andere erzählte, wie sie sich nach einem halben Leben in eine andere Frau verliebt hat und am Ende beide Partnerinnen gehen lassen musste. Ein Mann fand erst viel später im Leben heraus, wie ihn der frühe Tod seiner Eltern geprägt hat. Immer wieder kristallisiert sich heraus: Verlust ist das größte Thema, mit dem unsere Psyche hadert. Diese Menschen und alle anderen Protagonisten in Peter Wagners Buch *Wofür es gut ist* haben Schicksalsschläge erlebt. Ob die groß oder klein sind, bewertet jeder individuell. Was die Menschen aber alle eint, ist das Wissen, dass ihr Erlebtes für etwas gut war. Dass sie ohne die Kerben, die das Leben manchmal grausam mit einer Axt hineingehauen, manchmal mit einem Skalpell filigran reingeschnitten hat, nicht dort wären, wo sie jetzt sind. Und dass das Jetzt deshalb trotzdem kein schlechter Ort ist.

Die Situation, in der du dich gerade befindest, ist nicht einfach. Immer wieder wird in diesem Buch davon gesprochen, wie Liebeskummer von anderen bagatellisiert wird. Von der Gesellschaft im Allgemeinen, von Menschen, die uns umgeben, im Speziellen. Man kann es nicht oft genug sagen: Das ist falsch. Ein gebrochenes Herz muss genauso ernst genommen werden wie ein gebrochenes Bein. Und auch wenn du keinen Gips trägst, hast du ein Recht auf Schmerz, Trauer und Wut.

Worauf du dich aber verlassen kannst: Es wird einen Tag geben, an dem du zurückschaust und genau weißt, wofür es gut war.

DATUM

Gibt es jetzt schon etwas in deinem Leben, das sich durch die Trennung verbessert hat?

Wie groß schätzt du den Abstand ein, den du mittlerweile zu deiner vergangenen Beziehung hast?

84

TAG

Okay, heute zu Beginn gleich mal eine Warnung. Was jetzt kommt, wird dich ein paar Mal schwer atmen lassen, du wirst dich beim Lesen erst mal nicht so gut fühlen. Aber bitte halte durch.

Die Palliativ-Pflegerin Bronnie Ware hat jahrzehntelang Menschen beim Sterben begleitet. Dabei begegneten ihr immer wieder die gleichen fünf Gedankengänge von Patienten. Denn am Ende ihres Lebens machten sie sich folgende Vorwürfe:

1. „Ich wünschte, ich hätte den Mut gehabt, mein eigenes Leben zu leben."
2. „Ich wünschte, ich hätte nicht so viel gearbeitet."
3. „Ich wünschte, ich hätte den Mut gehabt, meine Gefühle auszudrücken."
4. „Ich wünschte, ich hätte den Kontakt zu meinen Freunden aufrechterhalten."
5. „Ich wünschte, ich hätte mir erlaubt, glücklicher zu sein."

Die meisten von uns schränken sich ein. Wir errichten uns ein Gefängnis aus Erwartungen, die wir an uns haben oder von denen wir denken, dass andere sie an uns haben könnten. Dieses Gefängnis bauen wir ganz akribisch und irgendwann scheint es so ausbruchsicher wie Alcatraz. Aber es scheint nur so. Es gibt immer einen Tunnel, durch den wir in die Freiheit gelangen können. Wir müssen gar nichts. Wir müssen vor allen Dingen auch nicht in dieser Situation verharren.

Natürlich ist es nicht so, dass wir eines Morgens aufwachen und uns denken: So, heute ist Schluss mit Liebeskummer, ich tanze jetzt mal fröhlich in die Küche und mache mir einen Kaffee. Wenn das so wäre, hättest du es schon längst getan. Aber was du dich immer wieder fragen kannst, ist: Will ich, dass alles so bleibt, wie es gerade ist? Will ich

DATUM

am Ende meines Lebens zurückschauen und Monate und Jahre damit verbracht haben, dem Verlust einer Person nachzutrauern? Allein schon wenn du dir diese Fragen regelmäßig stellst, wirst du dich weiterentwickeln. Das Gefängnis wird sich nach und nach in Freigang verwandeln.

Und diese scheiß Fußfessel? Die wirst du sicher auch noch los.

Welche 5 Dinge möchtest du getan haben, bevor du stirbst?

Welche 3 Dinge möchtest du getan haben, bevor du deinen Ex-Freund wiedertriffst?

85

TAG

Die einen betrachten den Schriftsteller Alain de Botton als einen der wichtigsten Philosophen unserer Zeit, die anderen tun seine schlichte und verständliche Zusammenfassung der zeitgenössischen Probleme als Scharlatanerie ab. Letztere sind natürlich meistens intellektuelle, alte weiße Männer, die das Feuilleton beherrschen wollen, Angst um ihre Deutungshoheit haben und de Botton deshalb (weil selbst alt und weiß, aber menschenfreundlich) als Nestbeschmutzer sehen.

De Botton hat sich viel mit der Liebe und unserem Verhalten in Beziehungen beschäftigt. In *Warum Sie die falsche Person heiraten werden* dröselt er gut auf, inwiefern sich die romantische Liebe von früher zu heute verändert hat, und gibt eine Anleitung, wie sich Liebende, egal ob hetero oder homo, auf Augenhöhe begegnen können. Er schlägt zum Beispiel vor: „Eine Standardfrage beim Abendessen während eines unserer ersten Dates sollte lauten: ‚Und inwiefern bist du verrückt?'" Im Englischen klingt das noch viel schöner und präziser: „How are you crazy?"

Jeder von uns ist besonders, jeder von uns ist speziell. Wenn wir unsere Verrücktheiten vor dem anderen verbergen, werden wir langfristig unglücklich. Wenn der andere seine Verrücktheiten vor uns verbergen muss, wird er unglücklich. Je genauer wir wissen, wo unsere Eigenarten liegen, desto besser können wir sie formulieren, ausleben, genießen.

DATUM

Was sind deine Top 3 Verrücktheiten?

Welche Verrücktheit hast du in der letzten Beziehung verborgen?

Welche Verrücktheit willst du nie mehr verheimlichen?

Welche Verrücktheit deines Ex-Freunds war für dich absolut unerträglich?

BUCHTIPP

In *Der Lauf der Liebe* zeichnet Alain de Botton in Romanform eine Langzeitbeziehung nach und stellt dabei klug zur Schau, welchen Problemen sich Partner in einer Gesellschaft *post millennium* stellen müssen. Dabei ist es recht irrelevant, ob man Anfang zwanzig oder Ende vierzig ist. De Bottons Kunst ist es, keine konkreten Antworten zu geben. Die gibt sich der Leser oder die Leserin durch die bedachte Fragestellung selbst.

86

TAG

Nach einer Trennung fühlt sich die eigene Identität völlig zerfasert an. Aus dem Wir ist ein Ich geworden, dessen Konturen nur grob festgelegt sind. Auf der verzweifelten Suche nach Halt und Struktur sehen wir oft gar nicht, dass der Prozess, den die eigene Persönlichkeit durchmacht, auch eine Wiedergeburt ist. Eine Wiedergeburt der eigenen Identität. Das klingt schön bekloppt esoterisch. Aber betrachtet man die üblichen Verhaltensklischees, die auf eine Trennung folgen, wie eine neue Frisur, neue Kleidung, neues Ausgehverhalten, ist das gar nicht so esoterisch, sondern zumindest eine gängige Bewältigungsstrategie. Wir versuchen, unser äußeres Ich dem inneren anzupassen. Das gilt auch für unsere Umgebung. Und hier wären wir noch mal bei Tag 43. Wie war das denn eigentlich nun mit seinen Sachen? Hat er die abgeholt? Hast du sie ihm geschickt? Steht der Scheiß immer noch rum? Dann weg damit.

Und was ist mit der Wohnung, ist die dekontaminiert?

Vielleicht nimmst du den Kram von ihm gar nicht mehr wahr, weil du dich schon so daran gewöhnt hast, dass er rumsteht. Aber nun ist es wirklich Zeit, dass er weg kommt. Hier gilt immer noch: Du kannst ihm seine Dinge per Post schicken, das macht dich nicht zu einem schlechteren Menschen. Aber vielleicht fühlst du dich gewappnet, sie ihm persönlich zu geben. Wie gesagt: Das musst du nicht.

Falls du das aber möchtest, dann versuche, ihn nicht nur aus der Perspektive einer Ex zu betrachten. Frag dich doch mal, wie er auf deine beste Freundin, deine Mutter oder deine Kollegin wirken würde. Das ist keine zynische Anleitung zum Entzaubern.

Das ist der Realitäts-Check.

DATUM

Was sind deine Erwartungen an ein Treffen?

Möchtest du, dass er sieht, was ihm entgeht? JA NEIN

Möchtest du ihm imponieren? JA NEIN

Möchtest du noch etwas loswerden (außer seinen Sachen)? JA NEIN

Möchtest du, dass er dich vermisst? JA NEIN

Möchtest du, dass er etwas bereut? JA NEIN

Möchtest du den Abstand verringern? JA NEIN

Was wäre das Schlimmste, das bei einem Treffen passieren könnte?

87

TAG

Einsamkeit hat viele Facetten, das haben wir an den Tagen 36 und 37 schon ausführlich geklärt. Eine Einsamkeitswelle fühlt sich auch jedes Mal anders an, gleicht sich aber darin, dass sie meistens völlig aus dem Nichts kommt. Besonders anstrengend ist es allerdings, wenn sie in Momenten anbrandet, die nahezu überquellen vor Stress. Momente, in denen man eigentlich gar keine Zeit hat, sich jetzt auch noch mit dieser verdammten Einsamkeit zu beschäftigen. Weil man im Job noch dies und das machen muss, eh gerade auf dem Sprung nach Dings war und währenddessen eigentlich auch noch Bumms anrufen wollte. Wo kommt dieses Gefühl denn bitte schön jetzt her und warum zur Hölle musst du immer, immer alles allein machen? Warum ist da keiner, der dir hilft? Warum ist es überhaupt so, dass immer dann, wenn es richtig beschissen läuft, alle plötzlich verschwinden wie Aladdin in seiner Flasche? Warumwarumwarum? Das. Ist. Alles. So. Mühsam.

Ja, ist es. Und wenn du nun erwartest hast, hier steht „Nee, ist nicht so, bildest du dir nur ein", wird es gleich enttäuschend. Weil: Das steht hier nicht. Das bildest du dir nicht ein. Es ist so. Für dich. Die Wahrheit ist: Selbst wenn dir jemand sagt, dass du nicht allein bist, heißt das noch lange nicht, dass du dich nicht so fühlen darfst. Anderen Leuten Gefühle abzusprechen oder vorzuschreiben, ist schäbig. Das ist so, als würde ein Kind von der Schaukel fallen, sich ordentlich das Knie aufschlagen und ein Elternteil sagt: „Ach komm, ist doch nicht so schlimm. Das tut doch gar nicht so weh!" JA, HALLO? BIST DU VON DER SCHAUKEL GEFALLEN ODER ICH?

Nur du bestimmst über die Intensität deiner Gefühle und deren Wahrnehmung. Und wenn du dich eben gerade so fühlst, als müsstest du immer alles alleine machen, dann darfst du das auch. Und du darfst es scheiße finden. Und wenn du dich da durchgeatmet und durchgezornt hast, wirst du feststellen, dass es vorbeigeht – und du wahrscheinlich gar nicht so allein bist. Aber bis dahin: Fühl es.

DATUM

Von welchen Personen in deinem Leben hast du dich im Stich gelassen gefühlt?

Kommt dir der Gedanke „Wenn ich es nicht selbst mache, macht es gar keiner" bekannt vor? JA NEIN

Fällt es dir schwer, nach dem Weg zu fragen? JA NEIN

Schreibst du lieber E-Mails, als irgendwo anzurufen? JA NEIN

Kriegst du Herzrasen beim Gedanken, telefonisch einen Arzttermin auszumachen oder eine Pizza zu bestellen? JA NEIN

Warst du als Kind „besonders selbstständig"? JA NEIN

Hast du das Gefühl, von dir wird erwartet, dass du alles allein machst und sich eh jeder auf dich verlassen kann? JA NEIN

Wenn ja: Nervt dich diese Rolle? JA NEIN

Fällt dir eine bestimmte Person ein, die dich gern in dieser Rolle sieht? JA NEIN

88

TAG

Wenn man kein totaler Betonpfahl ist, versucht man in der Regel, ein bisschen nett zu anderen Menschen zu sein. Auch zum Ex-Freund. Ist ja auch ein Mensch. Selbst Instagram erinnert uns regelmäßig in seinen Werbebannern daran: „In a World Where You Can be Anything, be Kind." Es ist unverhältnismäßig verletzend, wenn man eine freundliche Nachricht schreibt, weil es noch etwas Organisatorisches zu klären gibt, und der andere patzt zurück. Oder man trifft sich zufällig, grüßt angemessen und die Antwort ist ein muffiges Nicken, gar nichts oder eine Kriegserklärung. Weniges ist schlimmer als dieses Gefühl, zurückgeschubst zu werden, wenn man gerade etwas Boden gewonnen hat. Wenn man gerade wieder ein bisschen stabiler geworden ist.

Es macht einem klar, wie fragil man noch ist. Wie dünn diese Schutzschicht ist, die man sich mühevoll aufgetragen hat. Alles eher kosmetisch, auf keinen Fall wasserdicht und atmungsaktiv. Diese Zurückweisung nach guten Intentionen ist körperlich spürbar. Mit einer Wucht, die so real ist, als würde man von einem Pflasterstein getroffen, knallt sie auf die eigene Brust. Wie ein Auffahrunfall. Und man kann nicht ausweichen.

Wir alle haben Angst. Keiner will verletzt und versehrt werden. Du nicht. Er nicht. Unser menschliches Miteinander hängt davon ab, inwieweit wir Abstand zu den Dingen haben und viel mehr noch: wie nah wir sie an uns heranlassen. Ein sichereres Leben wäre eines mit Abstand. Zu uns selbst, zu anderen, zu allem. Das würde uns fraglos schützen. Aber es würde uns auch von all den Chancen, Möglichkeiten und Hochs fernhalten. Die Gleichung ist simpel: Wer sich verlieben will, muss auch das Risiko eines gebrochenen Herzens eingehen. (Das Risiko, nicht die Tatsache!)

Was man aber wirklich nicht hinnehmen muss, ist eine ätzende Reaktion auf eine friedliche Aktion.

DATUM

Die Erklärung ist einfach: Ist die Resonanz deines Ex-Freunds unangemessen, hat er wahrscheinlich nur Angst, Zweifel, ein schlechtes Gewissen oder ist unsicher. Schließlich ist er auch kein Betonpfahl.

Du kannst ihm verzeihen, dass er sich so benimmt. Du musst es aber nicht klaglos akzeptieren. Du hast es im Guten versucht, es hat nicht geklappt. To hell with good intentions. Er wird es aushalten, wenn du dann eben auch nicht mehr freundlich bist. Solange du sachlich bleibst, hast du dir selbst nichts vorzuwerfen. Dann bist du eben zu anderen Menschen nett. Hauptsache, du verhärtest nicht. Das wäre schade.

Wie würdest das körperliche Gefühl von Zurückweisung beschreiben? Wie fühlt es sich an? Wo tut es weh?

Warum Frauen und Männer unterschiedliche Dinge loslassen müssen

Rückblickend bedauern getrennte Paare oft nicht, dass ihre Beziehung zerbrochen ist und sie ihren Partner verloren haben, sondern dass sie einen größeren Traum loslassen mussten: den Traum von einer Familie, sei es mit Kindern oder ohne. Wir alle haben teilweise grobe, teilweise detaillierte Vorstellungen von unserer Zukunft. Abhängig von unserem Alter planen wir unsere Karriere, entscheiden uns für oder gegen Nachwuchs, überlegen, ob wir noch mal einen Job im Ausland annehmen oder lieber eine Eigentumswohnung kaufen wollen.

Auch wer sich nicht festlegen will, legt sich auf eine Art fest. Soll etwas jetzt passieren oder in drei Jahren? Oder erst in acht? Generell: Wo will ich wohnen? Wie will ich leben? Soll da ein großer Holztisch zum gemeinsamen Essen und Malen mit vielen Kindern stehen? Oder lieber alles minimalistisch halten, damit man schnell weiterziehen kann? Die Welt hat so viele schöne Orte – will ich die alle sehen?

So gerne man es kleinreden würde, muss sich jede Frau früher oder eben nicht so viel später die große Kinderfrage stellen. Meistens stellen sie einem aber auch gern unbeteiligte, übergriffige Verwandte oder andere Idioten. Die Autorin Mareike Nieberding fasste das einmal wunderbar zusammen: „Das Problem ist nicht die K-Frage, sondern die Art, wie sie gestellt wird: im Witz oder gar nicht. Auf einen Witz kann man schwer mit ernsten Antworten reagieren. Und auf keinen Fall kann man nicht antworten. […] Wer nach Kindern fragt, fragt nach Partnerschaft, Gleichberechtigung, Erziehungsarbeit, Geld. Die K-Frage ist eine große Frage, die mitunter schmerzhafte Antworten hervorbringt, die Interesse voraussetzt und die Bereitschaft, sein eigenes oft für selbstverständlich gehaltenes Lebensmodell auch mal in Zweifel zu ziehen."

Hier teilen sich wieder die Welten der Männer und Frauen. Die Tatsache, dass Frauen nicht ewig reproduktiv sein können, zwingt sie, viel früher abzuwägen, ob eine Partnerschaft langfristig Bestand hat oder nicht. Manche spüren diesen Druck schon mit zwanzig, andere spätestens mit Mitte dreißig. Ein Aspekt, der dabei immer gerne unter den Tisch gekehrt wird: Bei Frauen steigt mit dem Alter das Risiko bei einer Schwangerschaft, für die Gesundheit eines Kindes und vor allem die der Mutter selbst. Aber auch das männliche Sperma ist nicht dauerhaft frisch und makellos, sondern neigt mit dem Alter zu einem höheren Risiko für Gendefekte beim Kind. Nur weil Männer theoretisch ewig Kinder zeugen können, heißt das nicht, dass sich das Alter nicht auf die Gesundheit der Babys auswirkt. Ab fünfzig sinkt die Spermaqualität rapide, die Wahrscheinlichkeit genetischer Störungen steigt im Gegenzug stark an. Nur redet keiner darüber. Reproduktion ist gesellschaftlich gesehen Frauensache, sie stellen den Herstellungskörper zur Verfügung, dann muss der bitte schön astrein in Schuss sein. Danke auch.

Es ist kein Zufall, dass Männer später den Wunsch nach einer festen Bindung entwickeln als Frauen. Es ist eine weltweite gesellschaftliche Entwicklung. Das lässt sich für Deutschland auch an Erhebungen des Statistischen Bundesamtes zum Thema Hochzeit ablesen: Zwischen 1991 und 2018 stieg das Heiratsalter bei Männern von 28,5 auf 34,6 Jahre. Problem: Auch bei Frauen schiebt sich alles immer weiter nach hinten. Wir heiraten später, im Schnitt mit 32,1 statt mit 26,1 Jahren, wir bekommen später Kinder, wir wechseln öfter unsere Jobs und Wohnorte als unsere Eltern. Dennoch ist das nur eine Pseudoflexibilität. Gerade Frauen wissen: Irgendwann werde ich ernsthaft darüber nachdenken müssen. Ich werde eine Entscheidung treffen müssen, wenn das Leben sie nicht für mich trifft. Die Kinderfrage steht da stellvertretend als Beispiel. Eine Trennung bedeutet deshalb für Frauen oft nicht nur den Verlust eines Partners, sondern den Verlust und das Loslassen einer Lebensidee. Das ist wesentlich existentieller als die Tatsache, dass zwei Menschen unterschiedliche Wege gehen wollen. Das erschüttert den Boden, auf dem das Fundament eines Lebensentwurfes steht. Habe ich vor einem Jahr noch eine ganz gute Antwort darauf gehabt, wo ich mich in einem, in fünf oder in zehn Jahren sehe, muss ich das heute alles neu denken. Mit der Erschwernis, dass es viel zu viele unsichere Variablen in dieser Orakelei gibt.

Da sitzt man dann in seiner neuen (oder alten) Wohnung allein – ohne auch nur irgendeine Karotte, auf die der Esel (man selbst) hinarbeiten kann. Und es fühlt sich nicht nur an als müsste man wieder bei null anfangen. Die Wahrheit ist: Es ist eine elendige Tatsache. Und man ist sich völlig bewusst, dass man sich bei der Neuausrichtung und -gestaltung des persönlichen Lebensentwurfs eben nicht nur Gedanken darüber machen muss, wo man nun die Couch hinstellt oder warum man jetzt nicht endlich mal nach Portugal zum Surfen fährt. Sondern: Was will ich als Nächstes? Was schließt das für mich aus oder ein? Und werde ich diese Entscheidung vielleicht in ein paar Jahren bereuen, weil mein Körper oder meine Karriere nicht mehr mit meinen Wünschen mithalten können? Ein Mann muss sich diese Fragen im Zweifel nicht so dringend stellen, ohne ihm absprechen zu wollen, dass auch er sich Kinder, eine Eigentumswohnung und eine Beziehung mit dieser Frau bis ans Ende aller Tage gewünscht hat. Ein Mann kann in unserer Gesellschaft einfacher nur eine Person vermissen und ihren Verlust betrauern. Eine Frau sieht oft ein ganzes Lebenskonzept an die Wand fahren. Eines, das eventuell ein sehr konkretes Ablaufdatum hat: die Menopause. Das belastet.

Die Feministin Margarete Stokowski schreibt: „Es macht Arbeit, Dinge zu erhalten, und es macht Arbeit, Dinge zu verändern." Sie meint damit die Gesellschaft im Allgemeinen und den Feminismus im Besonderen. Dennoch ist dieser Satz auch auf viele andere Bereiche unseres Lebens und somit auch auf die Liebe und deren Verschwinden anzuwenden. Es macht Arbeit, sich in dieser neuen Situation zurechtzufinden. Es macht Arbeit, bisherige Lebensentwürfe loszulassen. Es macht

Arbeit, Männern immer wieder zu erklären, warum sich das Leben für uns anders anfühlt durch die Stellung, die wir in unserer Gesellschaft haben, und die Ereignisse, die die Biologie für uns vorgesehen hat. Aber Veränderungen bringen Chancen. Auch wenn du jetzt nicht weißt, wo die Reise in Anbetracht der neuen Umstände hingehen soll, kannst du für dich Wünsche formulieren. Wir Frauen werden unsere biologische Uhr niemals los, damit müssen wir leben. Das heißt aber nicht, dass wir dieses Leben von anderen für uns gestalten lassen müssen. Wir gestalten es selbst.

Um mit Stokowskis Worten abzuschließen: „Dass wir es mit den Zielen, die wir haben, übertreiben, werden wir weiterhin hören. Wir hören dann entweder, dass wir uns unrealistisch viel vorgenommen haben und es ein solches Maß an Freiheit nie geben wird. Fuck it, geschenkt. Niemand weiß, was in zehn oder hundert Jahren sein wird. Alle politischen Kämpfe wirken unrealistisch, wenn man keine Phantasie hat."

89
TAG

„Ich werde mich nie mehr verlieben." Dieser Satz kommt einem nach einer Trennung über kurz oder lang sicher über die Lippen und wahrscheinlich ist dabei das ein oder andere Glas Wein mitverantwortlich. In diesem Moment scheint der Gedanke völlig einleuchtend: Warum soll ich mich noch mal verlieben, wenn das doch nur Schmerz und Leid bedeutet? Es hat so lange gebraucht, um wieder Boden unter die Füße zu bekommen, diese Stabilität will man auf keinen Fall erneut verlieren.

Wer Menschen, Beziehungen und Verbindungen verloren hat, will keinen weiteren Verlust riskieren. Denn wer Verlust in all seinen schmerzhaften Facetten erlebt hat, ist sich bewusst, dass das immer wieder passieren kann. Die darauffolgende Wahrheit ist aber auch: Nichts kann einen vor Verlust schützen. Und selbst wenn etwas gegangen ist, bleibt etwas. Was auch immer. Aber aus jeder Beziehung und aus jeder Trennung nimmt man etwas mit.

Sich nicht mehr verlieben zu wollen, ist ein Reflex. Es ist kein guter. Zum Glück ist er bei den meisten von uns temporär. Sich erst mal auf niemand Neues einlassen zu wollen, ist völlig okay. Aber nichts ist absolut.

DATUM

Wie groß ist deine Angst vor einer neuen Verletzung?

Welche 3 Erfahrungen waren besonders schmerzhaft?

90

TAG

2016 veröffentlichten die Autoren Hanah Anderson und Matt Daniels eine Untersuchung zum Sprechanteil von Frauen in Hollywoodfilmen, unter anderem auch in Disney-Movies. Nun ist es ja so, dass das althergebrachte Narrativ solcher Filme nach einem einzigen Prinzip funktioniert: Prinz rettet Prinzessin, Mann rettet Frau. Die Autoren haben dabei belegt, dass Mann auch immer mehr spricht als Frau – entgegen dem landläufigen Quatschklischee: „Ein Mann, ein Wort. Eine Frau, ein Buch." Selbst bei weiblichen Hauptrollen, kamen die Männer mehr zu Wort. In *Arielle* hat die Protagonistin nur 30 Prozent Redeanteil, in *Mulan* spricht der Drache 50 Prozent mehr als Mulan selbst.

Die Mühlen in Hollywood mahlen gendertechnisch sehr langsam. Aber immerhin haben es die Verantwortlichen von *Frozen* hinbekommen, dass zumindest eine 57/43-Aufteilung besteht. Überhaupt kam mit Eiskönigin Elsa seit Langem zum ersten Mal eine gezeichnete Hauptrolle ins Kino, die ganz andere Narrative bedient. Ohne spoilern zu wollen: Hier werden weder im ersten noch im zweiten Teil von 2019 Frauen von Männern gerettet – und auch nicht umgekehrt. Das Prinzip Teamwork ist offenbar auch in Hollywood angekommen.

Man kann Zeichentrickfilme doof und kindisch finden. Aber man darf ihnen nicht absprechen, den Zeitgeist widerzuspiegeln. Was wir von Elsa lernen können? Google doch mal den Text von *Lass jetzt los* aus *Frozen*. Eignet sich gut als Mantra. Versprochen.

Okay, mit den Eisblitzen und so wird es schwierig morgens um 8 Uhr in der U-Bahn oder an der Bushaltestelle. Aber an manchen Tagen breitet sich das gute Gefühl aus, dass das Loslassen funktioniert. Langsam. Aber es funktioniert.

DATUM

In welchen konkreten Momenten hattest du zuletzt das Gefühl, ein Stück losgelassen zu haben?

Welche der folgenden Fragen von anderen nerven dich aktuell?

- ○ „Ist es jetzt besser?"
- ○ „Macht's dir noch was aus, ihn zu sehen?"
- ○ „Hat er sich noch mal bei dir gemeldet?"
- ○ „Na, genießt du deine Freiheit?"
- ○ „Bist du darüber hinweg?"
- ○ „Hast du schon einen Neuen?"

PS: Besonders die letzte Frage scheint gesellschaftlich immer noch relevant. Als wäre man als Frau unvollständig, wenn da kein Typ am Start ist. Das ist natürlich Unsinn. Hier soll keineswegs das Single-Leben glorifiziert werden. Auch das ist nicht immer schön. Aber ohne einen Partner zu sein, kann sich wunderbar anfühlen. Genauso ist es aber okay, wenn man gerne sein Leben mit jemanden teilen möchte. Kein Lebensmodell ist wertvoller als das andere, auch wenn uns das die Boomer oft immer noch glauben lassen wollen. Eine Beziehung ist nicht der Triumph über Singles. Eine Beziehung ist eine Beziehung – es macht keinen in unserer Gesellschaft wichtiger oder richtiger, wenn man eine Partnerschaft führt.

91

TAG

Auf der internationalen Liste für medizinische Diagnosen (ICD-10) steht unter dem Code „F 43.8" ein ganz furchtbar hässlicher Begriff: Posttraumatische Verbitterungsstörung. Gemeint ist damit eine psychische Erkrankung, die in Reaktion auf das Erleben von Kränkung, Ungerechtigkeit oder Vertrauensbruch auftreten kann. Begleitet wird das Gefühl der Verbitterung von weiteren psychischen Beschwerden, die bis hin zu Selbst- oder Fremdaggression reichen. Begründet hat diesen Begriff und das anerkannte Krankheitsbild der Neurologe, Psychiater, Psychologe und Psychotherapeut Michael Linden. Die Posttraumatische Verbitterungsstörung wurde erst belächelt, dann akzeptiert und ist heute eine feste Instanz – unter anderem auch bei Liebeskummer.

Nun, aber wie kann man gegensteuern, damit es gar nicht erst soweit kommt? Linden sagt: Verzeihen. Leider ist Verzeihen kein sofort kontrollierbarer Gefühlszustand, sonst würde man es ja augenblicklich tun. Kontrollierbarer wird er allerdings, wenn man weiß, wie Verzeihen aus psychologischer Sicht funktioniert. Es gibt zum einen das emotionsbasierte Verzeihen. Konkret: Man fasst den Entschluss, dass man sein Leben nicht von Wut und Verletzung bestimmen lassen will. Zum anderen gibt es das entscheidungsbasierte Verzeihen. Hier will man verstehen, warum man verletzt wurde. Die Autorin Tina Soliman fasst das knapp zusammen: „Verzeihen beginnt oft mit einer Entscheidung, aber es ist immer ein Prozess, der im Übrigen ganz unabhängig von der Person ist, der verziehen wird. Es ist kein Friedensangebot an den Menschen, der uns vermeintlich Unrecht getan hat – dieses Angebot richtet sich stattdessen zunächst an uns selbst." Klar ist, du hast kein Interesse an einer Posttraumatischen Verbitterungsstörung. Im Umkehrschluss heißt das aber nicht, dass du so einfach verzeihen kannst und sollst.

Tests mit Magnetresonanztomographen (MRT) zeigen, dass das Hirn beim Verzeihen Schwerstarbeit leistet. Und zwar ist die Gehirnaktivität beim Verzeihen genau dort zu finden, wo auch Schmerzen aller Art

DATUM

verarbeitet werden. Von Helen Fisher und Guy Winch wissen wir, dass es dort bei Liebeskummer sowieso schon zu tumultartigen Zuständen kommt. Zusätzlich tun sich Frauen schwerer mit dem Verzeihen als Männer. Wenn also noch einmal irgendjemand zu dir sagt, dass Liebeskummer Teenagerquatsch ist, schütte ihm einfach wortlos Rote-Beete-Saft aufs T-Shirt.

Du lässt in deinem eigenen Tempo los. Punkt.

Laut Soliman gibt es zwei konkrete Fragen, anhand derer man schnell entscheiden kann, ob man jemandem verzeihen sollte:

Ist dir die Beziehung wirklich wichtig?

Wie groß ist die Wahrscheinlichkeit, dass der andere dich noch einmal verletzt?

In erster Linie musst du dir selbst verzeihen, dass du etwas in jemandem gesehen hast, was er nicht ist. Das ist nämlich okay, das passiert jedem von uns. Nach einer Trennung ist der Wunsch nach Kontrolle groß, denk an Tag 68. Sobald du akzeptierst, dass dein Ex-Freund keine tragende Rolle mehr in deinem Leben spielt und du allein die Macht hast, es so zu gestalten, wie du möchtest, bekommst du die Kontrolle automatisch zurück.

92

TAG

Ein beliebtes Spiel, mit dem man sich schön in den Wahnsinn treiben kann, ist die Frage: Was wäre, wenn …? Wenn er sich nicht getrennt hätte? Wenn ihr euch nie kennengelernt hättet? Wenn ihr noch zusammen wärt? Wenn du nicht dies oder das gemacht hättest? Wenn ihr nie in diesen Urlaub gefahren wärt? Wenn ihr euch nie in diesem Restaurant getroffen hättet, in dem der Streit eskaliert ist? Wenn du doch angerufen hättest? Wenn er angerufen hätte? Na, brodelt es schon im Kopf? Hier ist er wieder, der ekelige Konjunktiv, der keinem etwas bringt, aber dein Leben zu einem fantastischen Roulette erklärt.

Sich mit etwas Abstand diese Fragen zu stellen, ist normal. Eine Antwort darauf wirst du aber nicht finden. Das sind Gedankenschlösser, die ein Feng-Shui-Profi eingerichtet hat. Sehen toll aus, aber keiner weiß, ob es wirklich was bringt, wenn der Spiegel nicht gegenüber der Tür steht.

Die Physik hat vor vielen Jahrzehnten den Schmetterlingseffekt beschrieben. Bei diesem Phänomen aus der Nichtlinearen Dynamik geht es um die Unvorhersehbarkeit der Auswirkungen auf ein System durch minimal veränderte Anfangsbedingungen. Das Beispiel, das zum Namensgeber dieses Effekts wurde, begann mit der Frage, ob ein Schmetterlingsflügelschlag in Brasilien einen Tornado in Texas verursachen kann. Für deinen aktuellen Status heißt die Antwort übersetzt: keine Ahnung. Sicher hätten sich Dinge anders ergeben, wenn etwas anders verlaufen wäre. Aber du kannst die Zeit nicht zurückdrehen. Und nur, weil der Ablauf der Ereignisse eine andere Chronologie bekäme, heißt das nicht, dass er nicht zum gleichen Resultat geführt hätte.

Hör. Auf. Darüber. Nachzudenken.

Die „Was wäre, wenn"-Frage macht wesentlich mehr Spaß, wenn man sie in die Zukunft denkt!

DATUM

Was wäre, wenn du …

… morgen kündigst?

… umziehst?

… einen neuen Job angeboten bekommst?

… nächste Woche Urlaub nimmst?

… einfach so deine Familie besuchst?

… deine Freunde heute Abend zu dir zum Essen einlädst?

… jetzt alles stehen und liegen lässt und Sport machst?

… dich morgen einfach mal krankmeldest und den ganzen Tag Serien schaust?

93

TAG

Eine Trennung ist wie ein neues, großes Bücherregal. Plötzlich ist da viel mehr Platz, um die alten Bücher einzusortieren. Man kann sich überlegen, ob man sie alphabetisch aufreiht, nach Farbe zusammenstellt oder nach Größe anordnet. Und ganz sicher findet man beim Sortieren ein paar Bücher, die man nicht mehr braucht, nie wieder lesen oder gar nicht erst aufschlagen will. *100 Rezepte für Hack*: weg damit.

Bei einer Trennung sortiert sich auch alles neu, allem voran das Umfeld. Jeder trägt eine gewisse Erwartungshaltung bezüglich Zuverlässigkeit in sich, abhängig von seiner Definition der Nähe zwischen zwei Menschen. Damit ist in diesem Fall nicht der Ex gemeint, sondern vor allem Freunde und Familie.

Es ist schon überraschend, wie sich in einer Krisensituation oft die Spreu vom Weizen trennt. Da verschwinden plötzlich Freunde, von denen man geglaubt hat, dass sie immer zu einem stehen werden. Dafür offenbaren sich andere als große Unterstützung, geduldige Zuhörer und verständnisvolle Begleiter. Insofern bedeutet die Trennung und das Loslassen eines Partners oft auch selbiges für andere Personen. Das schmerzt sicher zusätzlich. Der ganze Alltag und die Menschen, mit denen wir uns umgeben, ordnen sich neu. Manche gehen, müssen gehen oder werden gegangen. Das macht traurig und wütend – du kannst das als Enttäuschung werten. Oder als Chance sehen.

Da braucht man jetzt keinen Hochschulabschluss, um sich denken zu können, was gesünder ist. Den Abschied von mehr als dem Ex-Freund zu betrauern, ist wichtig. Aber gleichzeitig kannst du dich darüber freuen, dass du so herausgefunden hast, auf wen du dich wirklich verlassen kannst.

DATUM

Wer hat sich rückblickend als besserer Freund entpuppt als gedacht?

Wofür bist du ihr oder ihm dankbar?

Von wem bist du total enttäuscht?

Warum?

Wer hat dich und deine Gefühle ernst genommen?

Wer hat dich und deine Gefühle nicht ernst genommen?

94

TAG

„Beziehungen fangen irgendwann an zu bröckeln, aber eine Trennung wird immer besser, von Jahr zu Jahr", sagt die Philosophin Michèle Binswanger. Wie wahr! Irgendwann kommt der Moment, in dem du froh bist, dass der Typ Geschichte ist. Wenn du sämtliche deiner Trennungen in eine chronologische Reihenfolge bringst, eint sie sicherlich vor allem eins: Du bist an jeder von ihnen gewachsen. Bei jeder ein bisschen mehr.

Wer allerdings behauptet, dass Liebeskummer mit dem Älterwerden immer leichter wird, lügt. Entweder belügt man andere oder sich selbst. Liebeskummer wird nicht einfacher oder weniger schmerzvoll mit jedem Jahr, das wir länger auf dieser Welt sind. Wir gehen nur anders damit um. Und wir wissen, wir werden ihn überleben. Dennoch fühlt es sich jedes Mal zu Beginn wieder an, als würde das Universum explodieren. Tut es ja auch. Liebeskummer ist wie ein Gruselfilm. Man will nicht hinschauen, kann aber auch nicht richtig wegsehen. Was dennoch ungemein hilft, ist die Sicherheit, dass es auch dieses Mal eine Steigerung der Lebensqualität geben wird.

Grenzen setzen ist etwas, das wir mühsam unser ganzes Leben lang lernen müssen. Grenzen, die vor zehn Jahren galten, bestehen heute vielleicht nicht mehr. Andere kommen dafür hinzu. Der Soziologe Niklas Luhmann sagt: „Mit diesen Abgrenzungsanalysen haben wir die Umrisse des besonderen Kommuniksationsmediums Liebe gewonnen. Liebe übermittelt Selektionsleistungen durch Orientierung an dem individuellen Selbstverständnis und der besonderen Weltsicht eines anderen oder einiger anderen Menschen." Heißt in Kürze: In Zukunft wirst du viel früher sagen: so nicht! Oder noch besser: ja, genau so!

Ehrlich gesagt: Das ist ein Grund zum Feiern. Her mit dem Champagner, Zeit wird's. Cheers to your new self!

DATUM

Welche deiner Trennungen war rückblickend die schlimmste?

Was wirst du nie mehr mit dir machen lassen?

Bei welchem Thema wirst du zukünftig keine Kompromisse mehr eingehen?

Was hast du dir selbst verziehen?

Was musst du dir noch verzeihen?

Worauf freust du dich ganz besonders in der nahen Zukunft?

95

TAG

Es wird weiterhin Tage geben, die sich schwerer anfühlen als andere. Vielleicht kommt es explosionsartig aus dem Nichts, vielleicht schleicht es sich langsam an. Der Druck auf der Brust, die Schwere im Herzen, der Schmerz im Kopf – all das umschließt einen und scheint nicht mehr nachzulassen. Menschen, die behaupten, jeder sei für seine Gefühle selbst verantwortlich, haben nur teilweise recht. Ja, man kann sich damit auseinandersetzen, warum man etwas fühlt oder wovon ein Gefühl getriggert wurde. Und ja, man kann reflektieren, ob man sich einer Emotion hingeben möchte oder nicht. Aufhalten kann man die Wucht deshalb manchmal trotzdem nicht. Man kann sich ablenken, Strategien entwickeln, wie man ein Stimmungsloch umgeht. Manchmal kann man davor stehen bleiben und hineinsehen. Aber manchmal fällt man auch einfach rein.

Wenn andere behaupten, man könnte das immer steuern, belügen sie sich selbst. Da spricht dann aus ihnen mehr der Wunsch nach Kontrolle als die Realität. Es ist ein schmaler Grat, auf dem man im Liebeskummer strauchelt: auf der einen Seite der Verlust, auf der anderen der Aufbruch. An manchen Tagen hat man Kraft für den Aufbruch, an anderen eben einfach nicht. Wenn man verlassen wurde, findet man sich automatisch, wenn auch ungewollt, in einer Opferrolle wieder. Und es ist auch völlig legitim, sie für einige Zeit einzunehmen. Dieses ganze Gefasel von Selbstwirksamkeit lässt uns glauben, dass wir uns einfach nur ein bisschen mehr anstrengen müssen oder selbst schuld sind, wenn wir die Opferposition nicht verlassen. Bullshit. Die Wunden, die das Herz und das Ego erfahren haben, müssen gepflegt und auskuriert werden. Erst wenn man versteht, warum man sich ausgeliefert fühlt, kann man loslassen. Sprüche wie „Jetzt musst du aber wirklich mal darüber hinweg sein" verletzen und setzen einen zusätzlich unter Druck.

____

DATUM

Du musst gar nichts und ganz bestimmt musst du dir nicht von anderen erklären lassen, wie du dich zu fühlen hast. Wenn die schweren Tage kommen, lass sie zu. Sie gehen vorbei. Ganz sicher.

Wann war der letzte richtig schwere Tag?

_______ / _______ / _______

Welche 3 Gefühle waren da am lautesten?

- ○ Einsamkeit
- ○ Verzweiflung
- ○ Zerstreutheit
- ○ Haltlosigkeit
- ○ Traurigkeit
- ○ Ratlosigkeit
- ○ Scham
- ○ Angst
- ○ Wut
- ○ Eifersucht
- ○ Misstrauen
- ○ Hilflosigkeit

96

TAG

Die trügerische Leichtigkeit des Seins geht so: Man wacht eines Morgens auf, womöglich scheint auch noch die Sonne, man ist ausgeschlafen, fühlt sich fit – und voller Tatendrang. Wo kommt das denn plötzlich her? Egal, Hauptsache, das Hirn ist nicht mehr paralysiert und dieser Kummer endlich weg. Mit großem Aktionismus werden gleich mal To-dos für den Tag gesetzt: einkaufen, aufräumen, endlich dieses Regal von Ikea aufbauen, das hier schon seit zwei Monaten rumsteht, neuen Basilikum für die Fensterbank besorgen, mal was anderes essen als abgepackten Kram von der Tankstelle … Und nur zwei Stunden später ist dieses Energie nur noch eine fahle Erinnerung, die so uralt sein muss wie die Fischstäbchen im Eisfach, die an der Rückwand festgefroren sind. Stellen sich zwei Fragen: Woher kommt der Aktionismus? Und warum verschwindet er wieder?

Eine Antwort darauf bietet die Chronobiologie – die Wissenschaft, die sich mit unserer inneren Uhr beschäftigt und vor allem damit, was sie aus dem Takt bringt. Meistens ist das nämlich eine Kombination aus Schlafentzug und Hormonen. Jetlag, Zeitumstellung, Menstruation: wirkt sich alles stark auf unser Wohlbefinden aus. Und ganz wichtige wissenschaftliche Erkenntnis: Frauen brauchen mehr Schlaf als Männer. Liebeskummer ist quasi ein Jetlag-Verstärker für unsere Fitness, leider im negativen Sinne. Wer also morgens mit Tatendrang aufwacht, um ein paar Stunden später völlig antriebslos zu sein, schläft wahrscheinlich schlecht. Das wiederum tut er, weil er immer noch vom Verlust gestresst ist. Mit Sicherheit ist das bei dir über die letzten Wochen grundsätzlich besser geworden. Umso mehr nervt es, dass du jedes Mal wieder in deine Schranken gewiesen wirst, wenn du gerade das Gefühl hast, Oberwasser zu bekommen. Das ist frustrierend, klar. Aber hierbei geht es nicht um die einzelnen Summanden, sondern um die Gesamtsumme. Und die ist rückblickend auf die vergangenen Monate ganz sicher größer geworden.

DATUM

Das bedeutet, du löst dich. Deshalb steht ein einzelner Tag nicht exemplarisch dafür, dass der Liebeskummer vorbei ist. Es bedeutet aber auch nicht, dass er von vorne beginnt, wenn der Aktionismus plötzlich wie weggeblasen ist. Im Gegenteil: Das Ende ist jetzt in greifbarer Nähe.

Wie würdest du aktuell deinen Schlaf beschreiben?

- ◯ Leicht
- ◯ Zu kurz
- ◯ Erholsam
- ◯ Tief
- ◯ Zu lang
- ◯ Unruhig

Wie tief und gut war dein Schlaf rückblickend in den letzten 3 Monaten?

	1. Monat				2. Monat				3. Monat			
tief und gut												
mittel-gut												
mittel-schlecht												
leicht und schlecht												

97

TAG

Die Schreibtherapie wird schon seit vielen Jahrzehnten erfolgreich als Verarbeitungsform für Verlust und Traumata eingesetzt. Silke Heimes, Therapeutin und Koryphäe auf diesem Gebiet, sagt: „Schreiben hat viele Funktionen: Selbstreflexion, Erkenntnis, es hilft bei Entscheidungsprozessen, ist Verarbeitung und entlastet von bestimmten Dingen."

Es ist aber natürlich so, dass ausführliches Schreiben nicht jedem liegt, deshalb waren die Schreibübungen in diesem Buch bisher stichpunktartig. Das ist einfacher, geht schneller und sortiert auch. Aber einmal probieren wir das jetzt anders. Auch wenn du dich nicht in der Lage fühlst, die richtigen Worte zu finden. Oder es sich erst mal völlig beknackt anfühlt, das alles vollständig auszuformulieren. Es kostet Überwindung, sich hinzusetzen, die eigenen Gefühle aufzuschreiben und ganz und gar ehrlich zu sein, keine Frage. Das Gute ist aber: Außer dir liest das niemand.

Du machst das für dich. Und es erleichtert das Loslassen ungemein, wenn du mal in ganzen Sätzen strukturiert zu Papier bringst, was du dir wünschst, was du deinem Ex-Freund wünschst, was dich gekränkt hat, was dir schwerfiel, woran du immer noch zu knabbern hast. So albern es sich also jetzt anfühlt, versuche es. Setz dich hin und schreib einen Abschiedsbrief. Wenn du so willst, eine gnadenlose Abrechnung mit der Person, die dir so viel Schmerz bereitet hat.

DATUM

Lieber .... **,**

98

TAG

Menschen verändern sich. Du, er, alle. Zum Glück. Zwangsläufig verändert sich auch unser Blickwinkel auf die Menschen, die uns umgeben. Es wäre wirklich bedauerlich, wenn alles immer so bliebe, wie es ist. Am Anfang dieses Buchs wurdest du gebeten, eine Shitlist über deinen Ex-Freund anzufertigen. Hoffentlich hast du sie abfotografiert und in ätzenden Momenten als Reminder rausgeholt, um dich zu vergewissern, was alles nicht gepasst hat.

Blättere noch einmal zurück zu Tag 2 und gleiche ab, was immer noch stimmt. Ziemlich sicher sind da noch ein paar Sachen seit eurer Trennung hinzugekommen. Andere haben sich vielleicht sogar erledigt oder waren eine Fehleinschätzung.

Das hier soll kein Manifest werden, das dokumentiert, was für ein unfassbar schlechter Mensch dein Ex war. Es geht nicht darum, jemand anderen kleinzumachen, um sich selbst besser zu fühlen. Dennoch ist es mit etwas Abstand bestimmt hilfreich, eine überarbeitete Shitlist anzufertigen. Du weißt ja jetzt, wie es geht: aufschreiben, abfotografieren, im Zweifel immer wieder durchlesen.

DATUM

THE SHITLIST // REVISED

99

TAG

Die Autorin Theresa Lachner sagt: „Wer alles loslässt, hat beide Hände frei." Gäbe es eine zuverlässige How-to-Anleitung zum Loslassen, man würde sie sicher kaufen. Oder mindestens ein Abo mit In-App-Payment abschließen. Koste es, was es wolle. Jedes Mittel ist recht, das schnelleres und effizienteres Loslassen verspricht. Aber Loslassen, das ist wohl klar geworden, ist individuell. Die eine klappt einfach alle Finger auf einmal auf, lässt alles fallen, verbrennt die Erde und schaut nie zurück. Die andere biegt sich jeden Tag mühsam einen Finger millimeterweise hoch, hält Erinnerungen wie kostbaren Sand in der Faust, lässt es nur langsam rieseln. Beide machen das Richtige, ein Falsch gibt es nicht. Theresa Lachner hat sicher völlig recht: Nur mit freien Händen kann man Neues anfassen – neue Körper, neue Herzen, neue Ideen.

Liebeskummer holt das Schlimmste aus uns heraus. Rückblickend sind uns oft bestimmte Ereignisse und Verhaltensweisen unangenehm. Diese eine WhatsApp hätte man sich wirklich sparen können. Und diesen Anruf samstagnachts nach fünf Wodka Soda irgendwie auch. Eigentlich. Aber zu diesem Zeitpunkt musste das eben sein. Sich dafür im Hier und Jetzt zu verurteilen oder gar noch zu schämen, ist Quatsch. Überhaupt: Das Gefühl der Scham ist so wiederkehrend im Liebeskummer und so unnötig wie eine Polyester-Fleecejacke im Sommer – viel zu heiß und man beginnt zu stinken.

Liebe kennt keinen Stolz, sie will nur wissen, was ist. Und verstehen, was war. Aber was ist und was war, liegt oft im Auge des Betrachters. Bei einer Trennung sind es sogar zwei Betrachter, vier Augen, dein Hirn = peng!

Die Autorin Anäis Nin schrieb vor vielen Jahrzehnten: „Wir sehen die Dinge nicht, wie sie sind, wir sehen sie so, wie wir sind." Und wir sind im Liebeskummer eben eine (durchaus widersprüchliche) von vielen Versionen unserer selbst. Aber nur so lernen wir alle Facetten unserer Abgründe kennen. Und auch die unseres Gefühlsspektrums. In seiner Konsequenz holt der Liebeskummer eben nicht nur das Schlimmste aus uns heraus, all unseren Hass, unsere Wut, den Zorn und die Angst. Sondern auch das Beste: unsere Fähigkeit, uns neu zu erfinden, Aufbruchsstimmung, Energie und Kreativität. Liebeskummer ist keine Bagatelle. Nur wer solche Abenteuer besteht, kann noch größere Abenteuer angehen.

Und das neue Abenteuer: Das hat schon längst begonnen.

Wie hieß er noch?

Welcher Tag ist heute?

/ /

99 TAGE GESCHAFFT // EIN RESÜMEE

Du hast hoffentlich irgendeinen Alkohol kaltgestellt für diesen Tag. Es gibt etwas zu feiern: dich. Denn du bist DIE, die es bis hierhin geschafft hat. Vielleicht ist jetzt alles gut, vielleicht wackelt auch noch einiges. Aber du bist sicher nicht mehr die Person, die du vor über drei Monaten warst. Fass es noch ein letztes Mal zusammen.

Wie ist, was jetzt ist?

Wie würdest du dein Cyberstalking in den letzten 33 Tagen beschreiben? Zeichne eine Kurve:

Was hast du verstanden?

Was verstehst du noch nicht?

Was lief besser als gedacht?

Was lief beschissen?

Was hast du gelernt?

Was hat er Dummes getan seit eurer Trennung?

Was hast du Dummes getan seit eurer Trennung?

99 TAGE GESCHAFFT // EIN RESÜMEE

Ich möchte ihn gern bald wiedersehen. JA NEIN

Ich möchte ihm noch dringend etwas sagen. JA NEIN

Ich möchte noch mal mit ihm schlafen. JA NEIN

Ich möchte ihm etwas erklären. JA NEIN

Ich möchte ihn zurück. JA NEIN

.... JA NEIN

Worauf bist du stolz?

....

....

....

....

....

Welche 3 Adjektive beschreiben dich heute am treffendsten?

Was ist das Schönste, das dir seit der Trennung passiert ist?

NACHTRAG

Die Liebe ist eine seltsame Sache. Alles, was in Romanen über sie geschrieben, in Filmen gezeigt und in Liedern besungen wurde, alles, was die Wissenschaft über sie herausgefunden hat, wird nie dem gerecht, was sie mit uns macht, wenn wir sie fühlen. Und ebenso ist es mit dem Schmerz, den man spürt, wenn sie geht. Was der Liebeskummer aber nicht ist: eine Kleinigkeit, die man schnell wegreden und mit ein bisschen gutem Willen beseitigen kann. Dem Liebeskummer ist es egal, ob man 18 oder 81 Jahre alt ist. Gleiches Herz, gleicher Kummer. Menschen, die leiden, brauchen unser Mitgefühl. Und wir brauchen Mitgefühl von anderen für unser Leid, um nicht zu verkümmern. Zusammen ist man weniger allein.

Dieses Buch hat sich nicht nur mit soziologischen, psychologischen und medizinischen Erkenntnissen beschäftigt, sondern auch mit dem gesellschaftlichen Unterschied zwischen Männern und Frauen. Es wäre schön, wenn wir irgendwann in einer Welt leben würden, in der Frauen nicht vorgeschrieben wird, wie sie zu lieben und wie sie zu leiden haben. Männern übrigens auch nicht. Leiden sollte gar keiner. Und wenn jemand leidet, sollten wir ihn unterstützen. Unabhängig seines Geschlechts. Am Ende sind wir alle Menschen. Eine Spezies, die darauf angewiesen ist, dass man sich gegenseitig umeinander kümmert. Denn ohne diese Empathie wird sich nichts ändern auf diesem Planeten. Dass er so ist, wie er gerade ist, ist ein Fortschritt in vielen Bereichen. In manchen aber auch nicht. In einigen entwickeln wir uns sogar eher zurück als nach vorn. Es gibt noch viel zu tun. Es gibt vor allem viel, was wir nur gemeinsam gebacken kriegen. Unsere Zukunft hängt davon ab, wie wir uns heute entscheiden, miteinander umzugehen. Und wie wir mit denen umgehen, denen es gerade nicht gut geht.

SPREAD THE LOVE.

QUELLENVERZEICHNIS

VORWORT

Amanda Palmer // *The Ride*
© Song and Lyrics by Amanda Palmer

FIBEL // *Substanz*
© Text: Jonas Pentzek, Musik: Dennis Borger, Noah Fürbringer, Lukas Brehm, Jonas Pentzek, Kontakt: Lucas Pentzek Musikmanagement

ZURÜCKERINNERN

Tag 2

Winch, Guy, *Wie man ein gebrochenes Herz repariert*, TED2017, https://www.ted.com/talks/guy_winch_how_to_fix_a_broken_heart?language=de

Tag 4

Palmer, Amanda, *The Art of Asking. Wie ich aufhörte, mir Sorgen zu machen, und lernte, mir helfen zu lassen*, Köln: Eichborn 2015, S. 13f.

Wie viele Schnäpse hat er getrunken?

Hillin, Taryn, „Why breakups hurt more for women", in: *Splinter News*, 3. August 2015

Morris, Craig Eric, Chris Reiber und Emily Roman, „Quantitative Sex Differences in Response to the Dissolution of a Romantic Relationship", in: *Evolutionary Behavioral Sciences*, 9 (4), 2005, S. 270–282

Stokowski, Margarete, „Selbstentzündende Büstenhalter", in: *DER SPIEGEL*, 12. November 2015

Tag 6

Meyer, Thomas, *Trennt euch!*, Zürich: Diogenes 2018, S. 48

Tag 7

Deckert, Sarah Maria, „Feminismus ist beängstigend", in: *Cicero*, 22. Juni 2015

Tag 8

Egger, Pepe, „Wir können ja nicht überall perfekt sein", Interview mit Greta Wagner, in: *Der Freitag*, 26, 2018

Tag 9

Dewall, CN et al., *Acetaminophen reduces social pain. Behavioral and neural evidence*, Epub, 14. Juni 2010

Eisenberger, Naomi I., Matthew D. Lieberman und Kipling D. Williams, „Does Rejection Hurt? An FMRI Study of Social Exclusion", in: *Science*, 302, 2003, S. 290–292

Gillmeister, Sebastian, „Sozialer Schmerz. Warum Liebeskummer so weh tut", in: *Deutsches Ärzteblatt*, 1, 2018

Tag 10

Fisher, Helen, *Helen Fisher erforscht das verliebte Gehirn*, TED2008, https://www.ted.com/talks/helen_fisher_the_brain_in_love?language=de

Hausen, Johannes, „Wissenschaftlich erklärt, warum Liebeskummer uns so weh tut", in: *Vice*, 30. August 2016

Schmid, Nicola, „Der Wert eines gebrochenen Herzens", in: *Süddeutsche Zeitung*, 6. Juli 2011

Tag 12

Manivannan, Karthiga, „Wut ist ein wertvolles Gefühl", Interview mit Almut Schmale-Riedel, in: *Psychologie bringt dich weiter*, 7. November 2018

Rauschenberger, Pia, „Die Wut der Frauen", in: *Deutschlandfunk Kultur*, 7. Februar 2019

Rytina, Susanne, „Der Ärger muss raus – aber richtig", in: *DER SPIEGEL*, 2. Dezember 2014

Tag 14

Illouz, Eva, *Warum Liebe weh tut*, Berlin: Suhrkamp 2011, S. 64

Lachner, Theresa, *Lvstprinzip*, Berlin: Blumenbar 2019, S. 235

Tag 15

Katus, Hugo A., Benjamin Meder und Ioana Barb, „Broken Heart. Wenn Frauenherzen brechen", in: *Ruperto Carola Forschungsmagazin*, 10, 2017, S. 67–73

Stell dich nicht so an

Botzenhardt, Tilmann und Bertram Weiss, „Der tiefste Schmerz", Interview mit Günter H. Seidler, in: *GEO Wissen*, 58, 2016, S. 74f.

Tag 17

Krichmayr, Karin, „Die Liebe ist ein seltsamer Code", in: *Der Standard*, 21. März 2018

Tag 18

Schweda, Ellen, „Haptik-Forscher: ‚Ohne Berührungen können wir nicht leben'", Interview mit Martin Grunwald, in: *mdr Kultur*, 19. Juni 2019

Zeh, Jana, „Wie viele Umarmungen braucht man am Tag?", in: *n-tv*, 13. Februar 2018

Tag 19

Andersson, Lena, *Widerrechtliche Inbesitznahme*, München: btb 2017, S. 219

Tag 20

So, Chaehan, „Mensch, was für ein Irrtum!", in: *DER SPIEGEL*, 6. Juni 2012

Tag 21

Botzenhardt, Tilman und Maria Kirady, „Warum verliebe ich mich immer in den Falschen", in: *GEO Wissen*, 58, 2016, S. 97

Stahl, Stefanie, *Jeder ist beziehungsfähig. Der goldene Weg zwischen Freiheit und Nähe. Mit dem Konzept von „Das Kind in dir muss Heimat finden" zu einer erfüllten Partnerschaft*, München: Kailash 2017

Strauß, Bernhard und Henning Schauenburg (Hg.), *Bindung in Psychologie und Medizin. Grundlagen, Klinik und Forschung. Ein Handbuch*, Stuttgart-Vaihingen: W. Kohlhammer 2016

Tag 22

Botzenhardt, Tilman und Stefanie Maeck, „Was Paare zusammenhält", in: *GEO Wissen*, 58, 2016, S. 69

Hasler, Siegfried, „Junge Frauen streiten am häufigsten und am längsten", in: *Augsburger Allgemeine*, 22. Januar 2015

Tag 23

Holzberg, Oskar, *Schlüsselsätze der Liebe*, Köln: DuMont 2016, S. 28f.

Tag 24

Weßling, Kathrin, *Super, und dir?*, Berlin: Ullstein 2018, S. 189f.

Tag 25

Hauser, CJ, „The Crane Wife", in: *The Paris Review*, 16. Juli 2019

Aber er kann doch nichts dafür

Haaf, Meredith, „Rette mich, Baby", in: *Süddeutsche Zeitung*, 8. Juni 2019

N. N., „Deshalb ist eine starke Frau die (einzige?) Rettung für einen unreifen Mann", in: *miss.at*, https://www.miss.at/deshalb-ist-eine-starke-frau-die-einzige-rettung-fuer-einen-unreifen-mann

Tag 26

Bodenmann, Guy, *Resilienz in der Partnerschaft*, Universität Zürich, 21. August 2018

Lenzen, Manuela, „Resilienz lässt sich lernen", in: *Psychologie heute*, 13. Dezember 2017

Tag 27

Jankovska, Bianca, *Das Millennial-Manifest*, Reinbek: Rowohlt 2018, S. 21 f.

Tag 28

Matthey, Juliane, „Trennung im Freundeskreis – Wie geht man damit um?", in: *DIE WELT*, 21. Oktober 2016

Tag 29

Blümner, Heike und Laura Ewert, *Schluss jetzt. Von der Freiheit sich zu trennen*, München: Hanser 2019, S. 9

Botzenhardt, Tilman und Stefanie Maeck, „Was Paare zusammenhält", in: *GEO Wissen*, 58, 2016, S. 69

Perel, Esther, *Das Geheimnis des Begehrens in festen Beziehungen*, TED2013, https://www.ted.com/talks/esther_perel_the_secret_to_desire_in_a_long_term_relationship/transcript?language=de

Prosinger, Annette, „Risiko Ehe", in: *DIE WELT*, 31. Juli 2013

Tag 30

Eube, Anna, „So viel Sex pro Woche ist in Ihrem Alter normal", in: *DIE WELT*, 22. November 2016

Perel, Esther, *Das Geheimnis des Begehrens in festen Beziehungen*, TED2013, https://www.ted.com/talks/esther_perel_the_secret_to_desire_in_a_long_term_relationship/transcript?language=de

Tag 31

Holzberg, Oskar, *Schlüsselsätze der Liebe*, Köln: DuMont 2016, S. 127

Tag 32

Meyer, Thomas, *Trennt euch!*, Zürich: Diogenes 2018, S. 48

Windmüller, Gunda, *Weiblich, ledig, jung – sucht nicht. Eine Streitschrift*, Reinbek: Rowohlt 2019, S. 45 f.

Tag 33

Herrmann, Sebastian, *Gefühlte Wahrheit. Wie Emotionen unser Weltbild formen*, Berlin: Aufbau 2019, S. 21 ff.

Resümee

Andersson, Lena, *Widerrechtliche Inbesitznahme*, München: btb 2017, S. 219

KOMPENSIEREN

Tag 34

N. N., „Frauen und Männer weinen anders. Emotionale Tränen bleiben ein Rätsel", in: *Der Ophthalmologe*, 106, 2009, S. 593–602

Peters, Maren, „Tränen sind nicht gleich Tränen", in: *DIE WELT*, 31. Oktober 2008

Tag 35

Wilhelm, Klaus, „Rache ist allgegenwärtig", in: *Psychologie heute*, 12, 2018, S. 46

Tag 36

Goebel, Joey, *Vincent*, Zürich: Diogenes 2007, S. 213

Langeslag, Sandra J. und Michelle E. Sanchez, „Down-Regulation of Love Feelings After a Romantic Break-Up. Self-Report and Electrophysiological Data", in: *Journal of Experimental Psychology General*, 147 (5), Mai 2018, S. 720–733

Tag 37

Holt-Lunstad, Julianne, „So Lonely I Could Die", in: *American Psychological Association*, 5. August 2017

Rützel, Anja, *Lieber allein als gar keine Freunde*, Frankfurt am Main: Fischer 2018, S. 72

Tag 40

Fleckenstein, Kim, „Die Anti-Liebeskummer-Übung. So lassen Sie die negativen Gefühle hinter sich", in: *Focus*, 22. März 2018

Nier, Hedda, „Die beliebtesten Yoga- und Meditationsapps weltweit", in: *Statista*, 20. Juni 2019

Rutenberg, Jürgen von, „Buddha to go", in: *ZEITmagazin*, 9, 2018

Tag 41

Hecht, Werner et al. (Hg.): *Bertolt Brecht. Werke. Große kommentierte Berliner und Frankfurter Ausgabe*, Bd. 26, Frankfurt am Main: Suhrkamp 1994, S. 414

Tag 42

eharmony, *Happiness Index. Love and Relationship in America. 2019 Report*, https://www.eharmonyhappinessindex.com

Tag 46

Hauschild, Jana, „Der Tristesse entgehen", in: *Psychologie heute*, 12, 2018, S. 64 f.

Tag 47

Webb, James T. et al., *Misdiagnosis and Dual Diagnoses of Gifted Children and Adults. ADHD, Bipolar, OCD, Asperger's, Depression, and Other Disorders*, Scottsdale, AZ: Great Potential Press 2005

Tag 48

Saldern, Nadja von, *Glücklich getrennt. Wie wir achtsam miteinander umgehen, wenn die Liebe endet*, Berlin: Ullstein 2018, S. 125 f.

Tag 50

Berndt, Marcel, „Wenn Wut die Leistung steigert", in: *Wirtschaftswoche*, 25. August 2014

Kauf dich glücklich

ElitePartner, *ElitePartner-Studie 2019. So liebt Deutschland*, 6. Mai 2019, https://www.elitepartner.de/newsroom/#/documents/elitepartner-studie-2019-so-liebt-deutschland-87822

Eube, Anna, „Warum Frauen Shopping lieben – und Männer nicht", in: *DIE WELT*, 18. März 2017

Gallagher, Catherine et al., „‚I fear, therefore, I shop!' Exploring anxiety sensitivity in relation to compulsive buying", in: *Personality and Individual Differences*, 104, 2017, S. 37–42

Müller, Astrid et al., „Pathological Buying Screener: Development and Psychometric Properties of a New Screening Instrument for the Assessment of Pathological Buying Symptoms", in: *PLoS ONE*, 21. Oktober 2015

N. N., „Männer, Frauen und Einkaufen – Auch hier ist nichts mehr wie früher", in: *Nielsen*, 14. März 2014

Perschau, Alexandra und Nugget Market Research & Consulting im Auftrag von Greenpeace, *Usage & Attitude „Selbstreflexion Modekonsum" Ergebnisbericht*, 1. März 2017, https://www.greenpeace.de/sites/www.greenpeace.de/files/publications/20170309_greenpeace_nuggets_umfrage_selbstreflektion_mode.pdf

Tag 52

N. N., „Belief Perseverance", in: https://psychology.iresearchnet.com/social-psychology/social-cognition/belief-perseverance

Tag 53

Illouz, Eva, *Warum Liebe weh tut. Eine soziologische Erklärung*, Berlin: Suhrkamp 2016, S. 208 ff.

Tag 54

Kuhn, Phyllis, „Die Magie der Umarmung – und wie viele wir zum Überleben brauchen", in: *Praxisvita*, 2. November 2016

Stein, Annett, „Die dunklen Seiten des Kuschelhormons Oxytocin", in: *DIE WELT*, 20. Juli 2014

Tag 55

Penny, Laurie, *Bitch Doktrin. Gender, Macht und Sehnsucht*, Hamburg: Edition Nautilus 2017, S. 5 und 65

Tag 56

Erdmann, Benno (Hg.), Immanuel Kant, *Kritik der reinen Vernunft*, Leipzig: Leopold Voss 1878, S. 33 ff.

Tag 57

Budde, Henning und Mitko Wegner (Hg.), *The Exercise Effect on Mental Health. Neurobiological Mechanisms*, New York: Routeledge 2018

Müller, Thomas, „Sport hilft so gut wie Antidepressivum", in: *Deutsche Ärztezeitung*, 3. Dezember 2013

Tag 58

ElitePartner, *ElitePartner-Studie 2019. So liebt Deutschland*, 6. Mai 2019, S. 35, https://www.elitepartner.de/newsroom/#/documents/elitepartner-studie-2019-so-liebt-deutschland-87822

Tag 59

ElitePartner, *ElitePartner-Studie 2019. So liebt Deutschland*, 6. Mai 2019, S. 16, https://www.elitepartner.de/newsroom/#/documents/elitepartner-studie-2019-so-liebt-deutschland-87822

Tag 60

Fisher, Helen, *Warum wir lieben. Die Chemie der Leidenschaft*, Düsseldorf und Zürich: Walter 2005, S. 197–200

Tag 61

Fisher, Helen, *Warum wir lieben. Die Chemie der Leidenschaft*, Düsseldorf und Zürich: Walter 2005, S. 197 ff. und 204

Hatfield, Elaine und Richard L. Rapson, *Love and Sex. Cross-Cultural Perspectives*, Lanham, MD: University Press of America 2005

Eine Familienpackung Eis? Kein Problem

Kröller, Katja, *Mütterliche Steuerung in der Essenssituation*, Dissertation, Universität Potsdam 2009, http://opus.kobv.de/ubp/volltexte/2009/3368/

Otto, Anne, „Vorsicht, Trostessen!", in: *DER SPIEGEL*, 30. August 2019

Otto, Anne, „Wie Sie Kummerspeck vermeiden", in: *DER SPIEGEL*, 12. August 2019

Zittlau, Jörg, „Was das Essverhalten über den Charakter verrät", in: *DIE WELT*, 27. Mai 2010

Tag 62

Lachner, Theresa, *Lvstprinzip*, Berlin: Blumenbar 2019, S. 206 f.

Tag 64

Penny, Laurie, *Bitch Doktrin. Gender, Macht und Sehnsucht*, Hamburg: Edition Nautilus 2017, S. 212

Tag 65

Haaf, Meredith, *Heult doch. Über eine Generation und ihre Luxusprobleme*, München: Piper 2011, S. 149

Wiese, Tim, „Wer Wut unterdrückt, kann depressiv werden", in: *Deutschlandfunk Kultur*, 16. Mai 2019

LOSLASSEN

Tag 67

Schäfer, Anette, „Immer alles sofort", in: *Psychologie heute*, 12, 2018, S. 34

Tag 71

Mayer, Lisa, „Ich hasse das Wort loslassen", Interview mit Johanna Müller-Ebert, in: *Psychologie heute*, 12, 2018, S. 27 f.

Tabensky, Pedro, „Richtig leiden – aber wie?", in: Leo Bormans (Hg.), *Glück. The New World Book of Happiness*, Köln: DuMont 2017, S. 242–245, S. 242

Tag 72

Kreta, Sebstian und Bertram Weiss, „Kopf oder Bauch", in: *GEO Wissen*, 64, 2019, S. 29 f.

Tag 73

Illouz, Eva, *Warum Liebe weh tut*, Berlin: Suhrkamp 2018, S. 156 f.

Unendliche Möglichkeiten

Kroker, Michael, „Zahlen & Fakten rund um Tinder: 50 Millionen Nutzer, 12 Millionen Matches am Tag", in: *blog.wiwo*, 12. April 2019

Vandenbosch, Laura, Sindy R. Sumter und Loes Ligtenberg, „Love me Tinder. Untangling emerging adults' motivations for using the dating application Tinder", in: *Telematics and Informatics*, 34 (1), April 2016, S. 67–78

Warda, Johanna, *Post-Internet Romance. Die Transformation der Liebesmythologie in der Gegenwart*, Humboldt-Universität zu Berlin 2016, S. 23

Tag 75

Lauenstein, Mercedes, „Wir sollten uns nicht mit anderen vergleichen", in: *jetzt*, 7. April 2017

Tag 76

MacKenzie, Jackson, *Psychopath Free. Recovering from Emotionally Abusive Relationships With Narcissists, Sociopaths, and Other Toxic People*, New York: Berkley 2015

Sander, David, „Hoovering. Darum sollten Sie Ihre(n) Ex loslassen", in: *Märkische Allgemeine*, 30. Oktober 2019

Tag 77

Bartsch, Beatrice, „Beziehungstrends: ‚Ghosting' ist Frauensache, ‚offene Beziehung' ein Mythos und jeder dritte Single landet in der ‚Friendzone'", in: *ElitePartner Magazin*, 26. Februar 2018

Soliman, Tina, *Ghosting. Vom spurlosen Verschwinden des Menschen im digitalen Zeitalter*, Stuttgart: Klett-Cotta 2019, S. 14 und 63

Tag 78

Poulter, Stephan B., *Der Ex-Faktor. 6 Strategien für ein neues Leben nach der Trennung*, Weinheim und Basel: Beltz 2009, S. 13

Tag 80

Luhmann, Niklas, *Liebe. Eine Übung*, Berlin: Suhrkamp 2008, S. 11

Tag 81

Lachmann, Margie E., „Tiefs und Hochs", in: Leo Bormans (Hg.), *Glück. The New World Book of Happiness*, Köln: DuMont 2016, S. 130–133, S. 132

Tag 82

Mayer, Lisa, „Der Ex-Faktor", in: *Psychologie heute*, 12. 2018, S. 18 f.

Tag 83

Wagner, Peter, *Wofür es gut ist. Was Menschen aus ihrem Leben lernen*, München: dtv 2014

Tag 84

Ware, Bronnie, *5 Dinge, die Sterbende am meisten bereuen. Einsichten, die ihr Leben verändern werden*, München: Goldmann 2015

Tag 85

De Botton, Alain, *Der Lauf der Liebe*, Frankfurt am Main: Fischer 2016

De Botton, Alain, *Warum Sie die falsche Person heiraten werden*, München: Süddeutsche Zeitung Edition 2018, S. 10

Der Verlust einer Lebensidee

Kielon, Kristin, „Wie lange sind Männer zeugungsfähig?", in: *mdr Wissen*, 16. Januar 2018

Nieberding, Mareike, „Die K-Frage", in: *SZ-Magazin*, 41, 2019, S. 24

Rudnicka, J., *Durchschnittliches Heiratsalter lediger Männer in Deutschland von 1991 bis 2018*, Statistisches Bundesamt, 2019, https://de.statista.com/statistik/daten/studie/1328/umfrage/heiratsalter-lediger-maenner/

Rudnicka, J., *Durchschnittliches Heiratsalter lediger Frauen in Deutschland von 1991 bis 2018*, Statistisches Bundesamt, 2019, https://de.statista.com/statistik/daten/studie/1329/umfrage/heiratsalter-lediger-frauen/

Stokowski, Margarete, *Untenrum frei*, Reinbek: Rowohlt 2019, S. 192 und 228

Tag 90

Anderson, Hanah und Matt Daniels, „Film Dialogue from 2,000 screenplays, Broken down by Gender an Age", in: *The Pudding*, April 2016

Tag 91

Linden, Michael, „Die Posttraumatische Verbitterungsstörung, eine pathologische Verarbeitung von Kränkungen", in: *Psychoneuro*, 31 (1), 2005, S. 21–24

Soliman, Tina, *Ghosting. Vom spurlosen Verschwinden des Menschen im digitalen Zeitalter*, Stuttgart: Klett-Cotta 2019, S. 319 f.

Tag 94

Binswager, Michèle, „Anatomie einer Trennung", in: *Fritz + Fränzi, das Schweizer Elternmagazin*, 5. Februar 2015

Luhmann, Niklas, *Liebe. Eine Übung*, Berlin: Suhrkamp 2008, S. 21

Tag 96

Elkins, Lucy, „Who really needs more sleep – men or women? One of Britain's leading sleep experts says he has the answer", in: *Daily Mail*, 26. Januar 2010

Horn, Jim, *Sleepfaring. A journey through the science of sleep*, New York: Oxford University Press 2006

Tag 97

Ziegler, Juliane, „Einem Buch das Leben erzählen", in: *NZZ*, 15. April 2016

Tag 99

Lachner, Theresa, *Lvstprinzip*, Berlin: Blumenbar 2019, S. 206

DIE AUTORIN

Michèle Loetzner ist 1982 in Heidelberg geboren und hat an der LMU München und der Universität Helsinki Literaturwissenschaft, Anglistik und Linguistik studiert. Sie arbeitet als freie Journalistin, Textchefin und Konzeptionerin u. a. für die *Süddeutsche Zeitung, Plan W, WELT, DIE ZEIT* und Frauenmagazine wie *COSMOPOLITAN, freundin* und *GLAMOUR*. Michèle Loetzner lebt in München.

DANK

Ich danke meiner Tochter, dieses wunderbare, kluge Geschöpf, das mit mir um die ganze Welt reist. Ich hoffe, dass sie dieses Buch nie brauchen wird oder zumindest die beschriebenen gesellschaftlichen Gegebenheiten dann schon völlig veraltet und überholt sind.

Ich danke Anja Schmidt für ihre unbedingte Loyalität. Seit immer und für immer.

Ich danke Nicola van der Mee für das fortwährende Fragenstellen, das Sortieren und neu Stapeln.

Ich danke meinen Eltern Andrea Hilsdorf, Roger Loetzner und Richard Schmitt für die einzig wichtige Wahrheit: Aufgegeben wird nicht.

Ich danke meinen Brüdern Laurin und Magnus Hilsdorf für ihren Willen, auszuhalten. Alles, was uns passiert ist.

Ich danke meinen Großeltern für bedingungslose Liebe.

Ich danke Petra Schurer und Torsten Zahn für alle Montage, das geduldige Zuhören, das Festhalten, wenn alles bricht, und darüber hinaus. Ihr seid meine Konstante. Ohne euch wäre das alles nicht gegangen.

Ich danke natürlich auch all meinen Ex-Freunden, ohne die dieses Buch nicht möglich gewesen wäre. Well done, boys. Ich weiß immer noch bei jedem einzelnen, warum ich mich in ihn verliebt habe.

Ich danke meiner Agentin Barbara Wenner, die mit mir dieses Buch schreiben wollte, selbst als eines Tages die Feuerwehr vor der Tür stand.

Ich danke meiner Lektorin Vera Maas, die diese Seiten mit großer Liebe, Klugheit und Sorgfalt redigiert hat. Ebenso danke ich Miriam Holstein für das extragenaue Hinsehen und Silke Rieks für die liebevolle und bedachte Gestaltung dieses Buchs.

Ich danke Mia Latković für Pausen und Pausen von den Pausen. Für Verschwiegenheit und Verständnis. Hallo, Hase.

Ich danke Meredith Haaf, Lea Hampel und Ruth van Doornik für fast zwei Jahrzehnte kristallklaren Verstand. Und Weißwein. So viel Verstand hält ja keiner dauerhaft aus. Danke, dass ihr immer noch da seid.

Ich danke Theresa Lachner fürs Loslassen, Zurückfinden und Ankommen. Und den Friendly Reminder: Du kannst es nicht mitnehmen.

Ich danke Sandra Kinzelmann für unaufhörliches Cheerleading und schweigendes Einverständnis zur Lage der Welt. Them is crazy, not us.

Ich danke Sinah Hoffmann und Katja Heller für gedankliches und gestalterisches Sezieren. Und die beste Küche der Stadt.

Ich danke Stephanie Dirks und Robert Kasper für unglaubliche Resilienz.

Ich danke Martin Trockner für all die Unaufgeregtheit.

Und ich danke dieser Crowd für Inspiration, Chancen, Zuversicht, Halt und Unterstützung – ihr seid mein Korrektiv:

Wolfgang Hertel, Layla Distler, Tomislav Jerković, Patrick Bauer, Dirk Schmidt, Anja Delastik, Julia Nageler, Vanessa Urban, Alexander Runte, Saskia Kropf, Stefan Schwinghammer, Flo Berger, Daniela Jenkać, Birgit Querengässer, Heike Steiner, Johanna Schuhmann, Goran Perković, Torsten Groß, Jördis Lüdke, Peter Wagner, Dirk von Gehlen, Christian Helten, Vanessa Schneider, Dominic Holzer, Frederik Mayet, Kerstin Righini, Holger Storm, Margarete Stokowski, Amanda Palmer, Kathrin Weßling, Julia Jung, Bettina von Bergmann-Korn, Friedemann Karig, Jan Stremmel, Markus Knott, Maximilian Cress, Koku Musebeni, Florian Schairer, Max Damm, Anneliese Klaus, Heike Reinhardt, Doris Marwede, Nitti Tikkanen, Christian Brecheis, Jessica Pflüger, Laura Schabmair, Oliver Frenz, Laura Bohneberger, Kathrin Werner, Christina Hißen, Florian Ott, Mareike Nieberding, Ulf Pape, Lissi Kraeck, Katja Lewina, Patrick von Strenge, Sergio Bongiovanni, Bastian Lerdon, Lisa Tippelt, Dominik Schottner, Franziska Loetzner, Peter Loetzner, Lisa Loetzner, Merlin Loetzner, Katharina Pink, Elisabeth Krainer, Paula Döring, Iryna Baumbach, Lea Rieck, Svenja Lassen, Birte Plöger, Steffi Schmidt, Silvia Weber, Kathrin Schmidt, Veronika Schaller, Anne Oppel, Lara Gonschorowski, Julia Weidinger, Markus Klausmann, Markus Laudenbach, Ellen John, Lara Fritzsche, Georg Wittmann, Valentina Milaković, Mercedes Lauenstein, Xifan Yang, Stephan Koritsch, Lisa von Klitzing, Volker Schadt.

Ich danke Andrea Bauer, dass sie mich immer selbst drauf kommen lässt.

Und Michael Moorstedt. Für Mimosen und Disteln.

Für Ayşe, Jasmin und Joanna – three true vampire slayers

Das bei der Produktion dieses Buches entstandene CO_2 wurde durch die Finanzierung von Klimaschutzprojekten kompensiert: climate-id.com/17531-2110-1001/de

FSC
www.fsc.org
MIX
Papier | Fördert gute Waldnutzung
FSC® C083411

4. Auflage 2024

Gestaltung und Satz: Silke Rieks
Umschlag: Birgit Haermeyer
Druck und Verarbeitung: CPI books GmbH, Leck

Gedruckt auf säurefreiem und chlorfrei gebleichtem Papier

Printed in Germany
ISBN 978-3-8321-9982-1

www.dumont-buchverlag.de